Avertissement de l'éditeur

Nos livres sont la reproduction digitale de textes devenus introuvables.

Le lecteur voudra bien excuser le léger manque de lisibilité et les imperfections dues aux ouvrages imprimés il y a des décennies, voir des siècles.

Par égard à la mémoire des auteurs et la spécificité des ouvrages, il convenait de les reproduire tels les originaux.

www.eBookEsoterique.com

L. CHOUTEAU
Vice-Président de la Confédération Française de Radiesthésie
Rédacteur à la Revue Internationale de Radiesthésie

LA RADIESTHÉSIE
AU SERVICE
DE L'ART MÉDICAL

COURS SUPÉRIEUR
THÉORIQUE, CRITIQUE, PRATIQUE

TABLE DES MATIÈRES

La Radiesthésie. Définition et mise au point générale	5
Chapitre premier. - La partie objective de la Radiesthésie	13
Chapitre II. - Les forces subjectives de la Radiesthésie ou la Perception humaine	41
Chapitre III. - La partie objecto-subjective de la Radiesthésie. Les instruments	71
Biologie.	108
Recherches des déficiences vibratoires du corps humain	117
Bioesthésiométrie.	143
Syntonisation des rayonnements pathogènes	158
Recherche des éléments curatifs.	161
Bioesthésiométrie et Thérapeutique	164
Métallothérapie	169
La Thérapeutique vibro-active	173
Les ondes nocives.	179
Le « Bioréflecteur »	184
Le cancer	186
Acupuncture radiesthésique	188
Maladies	191
Appendice	219

LA RADIESTHÉSIE
DÉFINITION ET MISE AU POINT GÉNÉRALE

J'ai fait paraître en 1941, aux Editions Farré et Freulon, à Cholet, un *Traité Pratique de Radiesthésie*, destiné aux débutants. Il n'a apporté que les premiers éléments de notre art, et les quelques notions, plus souvent empiriques que scientifiques, indispensables à l'étude des manifestations radiesthésiques initiales.

Mon rôle, très modeste, s'est borné, ainsi que j'en avertissais le lecteur, à indiquer les moyens d'obtenir correctement par l'éducation motrice et mentale, le déclenchement et la fixité des réflexes.

La volumineuse correspondance, venue de toute l'Europe, que m'a valu ce petit livre, prouve qu'il répondait à un réel besoin, et les compliments sur sa clarté qui m'ont été exprimés, furent pour moi la meilleure et la plus précieuse des récompenses, en même temps que le plus tonique des encouragements à écrire les pages qui vont suivre.

Ce nouvel ouvrage constitue, en quelque sorte, un Cours Supérieur de Radiesthésie biologique. J'avais pensé, tout d'abord, n'y traiter que des rapports entre notre art et la Médecine, mais, entre temps, la découverte et la mise au point que j'ai faite d'appareils de contrôle, ainsi que de nombreuses expériences, m'ont incité à vérifier, puis à confirmer, à réserver ou à réviser, selon les cas, tout ce qui a été dit et enseigné jusqu'ici en radiesthésie. y compris par moi-même.

C'est ce travail que je livre aujourd'hui et je fais d'avance ma soumission — et je réclame la vôtre — aux règles de la logique cartésienne, pour rejeter dans tout ce qui nous est proposé, le superflu, le personnel, l'insuffisant, le faux quelquefois et pour retenir et coordonner le juste, le nécessaire ; en un mot : tout ce qui peut aider à comprendre et à pratiquer la Radiesthésie, de façon rationnelle et intelligente.

Je sais qu'en agissant ainsi, je m'expose à faire des mécontents et à subir des critiques, car, ainsi que l'écrit le docteur Foveau de Courmelle, doyen des radiologues de France et ancien président de l'Association des Amis de la Radiesthésie : « La Science ne pouvant progresser que par ses variations même, et sa marche hésitante et à tâtons dans les mystères de la nature, dans l'élaboration de ses méthodes, le rejet d'erreurs est souvent plus difficile que la conquête d'un atome de vérité. »

Que m'importe les critiques ! Seul me guide le souci de la vérité, telle qu'elle m'apparaît après de longues années d'études, de recherches, de succès et parfois d'échecs. De plus, j'ai toujours présent à la mémoire cet avertissement que Jean-Jacques Brousson, chevronné des batailles littéraires, lançait à un écrivain dont le premier livre appelait les polémiques : « Donner un livre au public, c'est descendre dans l'arène. Soyez prêt à recevoir des pommes cuites aussi bien que des bouquets. » Or, réclamant pour moi la liberté d'apprécier les idées des autres, j'ai le strict devoir, en retour, d'accepter les opinions les plus diverses sur mon œuvre, à condition qu'elles soient sincères comme les miennes. Je vais même plus loin, en avouant très franchement que, n'ayant pas la prétention d'avoir construit un travail achevé et sans défaut, je me réjouis d'un éventuel débat, car de la discussion courtoise naît la mise au point, la révision des valeurs, le dynamisme, qui susciteront le bond en avant de la Radiesthésie, et qui, en fixant scientifiquement ses lois, la placera, dans un avenir que je désire proche, à égalité dans l'opinion savante déjà partiellement intéressée, avec les autres techniques de la connaissance.

Et c'est là, n'est-ce pas, le seul but que je puisse souhaiter.

*
**

On peut définir la Radiesthésie : L'ensemble des lois tirées de l'expérience et basées sur la faculté d'ordre physique et mental qu'ont un grand nombre de personnes munies d'appareils amplificateurs de capter les émanences des objets radiants cachés ou non, de les localiser, de les discriminer, et de les mesurer.

La Radiesthésie est donc un mot qui couvre, ou du moins prétend couvrir, une science, un art, des faits.

Un académicien, M. Marcel Prévost, jugeait ce mot mal composé parce qu'il est « métis » : moitié latin, moitié grec. Présenté par l'Abbé Bouly, le célèbre sourcier, curé d'Hardelot, il a été néanmoins admis et adopté par l'ensemble des sourciers et des pendulisants.

Je sais bien que M. Henri Mager et ses élèves, pour échapper au discrédit qu'ont fait peser sur ce mot quelques charlatans, ou incapables, et certaines personnes qui tentent d'obtenir de la baguette ou du pendule, des renseignements sur des questions et surtout un ordre de phénomènes supranormaux, pour lesquels ces instruments ne peuvent, en aucun cas, servir de moyens d'investigation et de connaissance, ont choisi pour leurs travaux le vocable de « radio-physique » ; mais, à la vérité, ils ne trompent qu'eux-mêmes, s'ils s'imaginent employer autre chose qu'une méthode purement radiesthésique.

La Médecine, ayant depuis longtemps, ses Diafoirus, ses Knock, ses morticoles et ses charlatans, n'a pas cru devoir changer de nom. Imitons son sage exemple, et demandons-nous plutôt : Que signifie littéralement le mot Radiesthésie ?

Ouvrons notre Larousse du XX° siècle, et lisons :

« RADIESTHÉSIE : non féminin (du latin *radius, rayons* et du mot grec *aisthésis, sensation*). Faculté qu'auraient certains individus de percevoir les radiations électromagnétiques. »

Saluons, en passant, la forme conditionnelle de cette définition « auraient ». Elle prend un caractère dubitatif assez mesquin et fortement tendancieux pour les pratiquants qui connaissent les nombreux succès obtenus dans notre art, tant par les vedettes que par des prospecteurs anonymes. Reconnaissons, cependant, que de telles restrictions trouveront une certaine excuse pour les gens qui jugent du dehors, tant que nous n'aurons pas réussi à leur opposer un faisceau suffisant de prospections heureuses pratiquées dans des conditions de contrôle scientifique mises au point, reconnues valables, et acceptées comme telles par les deux parties — jury et opérateurs — préalablement aux recherches.

Ceci dit — et il fallait le dire — nous nous apercevons que le mot Radiesthésie contient deux termes, l'un objectif, l'autre subjectif.

D'un côté, *Radius* ou le rayonnement de la matière pris dans son sens le plus général : principe objectif de la Radiesthésie ; de l'autre côté : *Aisthésis*, sensation, pris également dans son sens le plus étendu, et qui constitue la partie subjective du phénomène.

Ces deux termes viennent aboutir et se conjuguer en quelque sorte dans les appareils d'amplification (baguette ou pendule) dont les mouvements obéissent à la fois à des lois objectives et à des réflexes subjectifs ou personnels nés de l'entraînement éducatif, soit par suggestion d'auteur, soit par la volonté de convention de l'opérateur.

Nous allons donc étudier dans cet ouvrage :

— Le Rayonnement (Objectif).
— La Perception (Subjectif).
— L'Amplification et la sélection qui participent des deux ordres phénoménaux.

Peut-être que certains trouveront abstrait le travail ainsi présenté, et auraient préféré de séduisantes dissertations sur des recherches spectaculaires avec l'assurance que de tels résultats s'obtiennent en un tournemain ; pour nous, nous croyons mieux servir la cause qui nous est chère, en observant le conseil judicieux que nous donnait Édouard Branly, ex-président du Comité d'Honneur des Amis de la Radiesthésie : « Pour que la Radiesthésie soit vraiment une Science, il faut la pratiquer dans un tout autre esprit que la plupart ne l'ont fait jusqu'ici ; les Radiesthésistes se sont, jusqu'à présent, surtout attachés à obtenir des résultats qui frappent l'imagination populaire, au lieu de travailler avec méthode dans l'ombre du laboratoire. »

C'est donc vers l' « ombre du laboratoire » que nous vous convions d'abord, afin de vous permettre ensuite des prospections sérieuses avec un bon pourcentage de résultats, non pas sensationnels, mais satisfaisants.

Radiesthésie médicale, biologique, humaine ! Mots prestigieux dont rêvent les néophytes du pendule. Ils s'imaginent que quelques semaines d'études et d'entraînement les conduiront vers des réussites telles que la renommée aux cent bouches fera promptement d'eux une des gloires de notre art.

Que de mécomptes en perspective ! Rien n'est plus ardu, rien n'est plus délicat que la Radiesthésie humaine et médicale, surtout quand elle est pratiquée par un non-médecin.

S'il ne s'agissait évidemment que de cette prétention qu'ont certains sourciers, suivant le docteur Leprince, « de poser des diagnostics en prenant un air inspiré, avançant une main vers le malade comme pour une bénédiction, l'autre main tenant une boule de bois ou un petit flacon en guise d'encensoir : gestes qui font songer à quelque scène moyennâgeuses de désenvoûtement ou d'excommunication », l'affaire pourrait être simple ; mais ce n'est ni notre technique, ni notre but. Je considère même comme infiniment regrettable que des gens se croient permis, sans un long entraînement préalable et spécialisé, de définir pour eux ou pour d'autres, un régime ou une médication au pendule, sous prétexte que celui-ci tourne sens horaire devant certains mets ou certains remèdes, et sans anti-horaire sur d'autres. Cet emploi abusif et sans discernement de la Radiesthésie par un grand nombre de pendulisants inexperts ne peut que desservir la cause de notre art auprès des esprits sérieux, et conduire — mises à part quelques réussites de hasard plus nuisibles qu'utiles par la fatuité qu'elles procurent à leurs auteurs — à d'immenses déceptions et à de dangereuses erreurs. On doit avoir le minimum d'honnêteté de ne pas se livrer à des prospections sur la personne humaine avant d'avoir longuement travaillé et s'être soumis à une éducation rigoureuse et rationnelle de ses réflexes.

*Nous renvoyons ceux qui, lisant ce livre, reconnaîtraient ne pas avoir l'entraînement général suffisant pour aborder les techniques dont nous traitons plus loin, à notre « **Traité Pratique de Radiesthésie** » (1).*

---

(1) En vente à la Maison de la Radiesthésie, 16, rue Saint-Roch, Paris ; dans différentes librairies ; ou chez l'auteur.

La Radiesthésie biologique et humaine se doit à elle-même d'établir non pas des « diagnostics » au sens médical du mot, mais plutôt des examens en profondeur fournissant des éléments d'appréciation utiles, souvent nécessaires, presque toujours impossibles à déceler par les moyens classiques de la clinique et de la médecine habituelle.

Un radiesthésiste, moins soucieux d'étonner la galerie que de faire œuvre utile, ne recherchera pas si le sujet examiné souffre d'un mal de tête, d'aigreurs d'estomac, ou d'élancements dans le bas-ventre : travail sans utilité puisque le malade le sait déjà ; mais il établira un procès-verbal aussi précis et complet que possible des carences fonctionnelles ou lésionnelles, des radiations microbiennes, des anarchies cellulaires de chaque organe.

Il n'y a nul intérêt à annoncer, même sur un ton doctoral, voire même en latin, à une personne qui est payée pour le savoir, qu'elle est asthmatique ; n'est-il pas mieux de consigner, pour le médecin, une déficience vibratoire de l'hypophyse, par exemple, qui peut être la cause initiale des crises d'asthme du sujet, cause souvent ignorée parce qu'inconnaissable par d'autres procédés que l'examen radiesthésique ?

Un médecin diagnostiquera : Eczéma, et essaiera sur le patient tel remède. Si, après un certain temps, le mal n'a pas cédé, il passera à un autre traitement, et ainsi de suite jusqu'au moment où par tâtonnement, il aura découvert celui qui convient au malade, d'où perte de temps parfois grave, et ingestions de produits qui ne sont pas toujours sans nuire à certains organes.

Dans ce même cas, nous dirons, par exemple, « Déficience du mode vibratoire du corps thyroïdique. L'élément X (plantes, produit chimique, minéral, spécialité, etc...), redonne l'accord vibratoire. » Certes, le symptôme ne sera pas mentionné, mais nous en aurons indiqué, ce qui est mieux, la cause profonde qu'aucune clinique ni aucune radiographie ne peut découvrir. Notre étude aura permis, en outre, au lieu d'essayer successivement sur le malade diverses médications sans possibilité de savoir à priori laquelle est la meilleure, de connaître, avant toute ingestion, le remède adapté à tel cas précis, et accepté sans fatigue ni danger par l'ensemble des organes et l'économie du malade dans son état actuel.

Mais la Radiesthésie va plus loin. « Il y a un danger, écrit le Docteur René Biot, dans « Le corps et l'âme » (1), qui est

---

(1) Collection *Présences*. Plon, éditeur, Paris.

inclus dans la médecine entière, comme d'ailleurs en chacune des autres sciences lorsqu'elles tendent à se constituer en système clos : médecine qui ne considérerait que l'homme sans se soucier de ses liaisons biologiques avec les plantes, avec les animaux, avec le monde des valeurs morales. On sait, au contraire, combien a été féconde en d'autres domaines, ce souci de l'ensemble, et comment la notion de Géographie humaine d'un Brunhes revivifie la connaissance du sol, des montagnes et des fleuves, par la considération du travail humain, et de l'influence aussi des conditions telluriques sur l'activité de l'homme ». Or, c'est une des prétentions que je crois les plus justifiées de la Radiesthésie, de fournir de précieux et inégalables renseignements sur les rapports intimes qui existent, par voie de rayonnements favorables ou défavorables, entre les plantes, les animaux, l'atmosphère, le sol, les conditions telluriques, d'une part, et l'homme et sa santé d'autre part.

Mais, pour obtenir de semblables et aussi troublants résultats, qu'est-ce donc que la Radiesthésie ? Quelles explications peut-on fournir, quelles hypothèses plausibles peut-on suggérer ?

Répondre à ces questions sera le but de notre première partie, et cette réponse nous permettra, chemin faisant, de préciser et de mettre au point plusieurs détails théoriques ou pratiques non sans importance.

CHAPITRE PREMIER

LA PARTIE OBJECTIVE DE LA RADIESTHÉSIE

Mme Curie, et d'autres avec elle, ont déclaré : « La Radiation est un phénomène universel. » Or, si l'on peut vérifier qu'une partie de la matière radie naturellement : ondes infra-rouges, ondes ultra-violettes, ondes lumineuses, rayonnements solaire et cosmique, rayons engendrés par la radio-activité : sels d'Uranium, d'Actinium, de Thorium, de Radium, etc..., il faut reconnaître, par contre, que la Physique actuelle est obligée pour observer les radiations de certains corps, de créer des conditions artificielles en dehors desquelles aucun rayonnement ne nous est perceptible en laboratoire. C'est ainsi que l'aluminium, le magnésium, sous l'influence de la lumière, deviendraient selon Gustave Lebon, radio-actifs. Toujours selon les travaux du même savant, des traces d'étain mêlées au mercure rendraient ce dernier très radio-actif ; l'acier, l'or, soumis aux zones extrêmes de l'ultra-violet se livreraient à un intense bombardement atomique ; en hydratant quelque peu des sels de quinine, on les rendrait également radio-actifs, même jusqu'à phosphorescences, etc...

Faut-il en déduire que la Radiation n'a rien d'universel à l'état naturel, ou admettre, au contraire, que les conditions artificielles qui rendent perceptible le rayonnement de certains corps, apportent, non pas une *génération spontanée de la radiation*, mais seulement l'activation d'un rayonnement déjà existant en toute matière à un degré trop faible pour que nous en ayons la perception physique ?

Les avis semblent partagés sur ce point.

D'après certains, tous les corps, qu'ils soient solides, liquides ou gaz, sont radio-actifs du fait qu'ils rayonnent des corpuscules électrisés + et —, animés d'une vitesse différente qui les diversifie en puissance sur l'échelle de la radio-activité.

M. Henri Chrétien, dans « Le Monde Invisible et Mystérieux des Ondes «(1) », explique l'opinion contraire, de la façon suivante :

« La Radio-activité est un phénomène universel de la désagrégation de la matière, et on peut dire que tout ce qui influe sur le rayonnement électro-magnétique des corps, influe sur la transmission de leurs corpuscules, c'est-à-dire sur leur radio-activité.

« Les particules radio-actives de tous les corps contiennent plus ou moins les mêmes particules électrisées, que l'on appelle électrons + ou — des rayons X, Alfa, Béta, Gamma, qui se décomposent ainsi en électrons + ou — ; et l'électronisation étant un phénomène général de la matière, une perte d'électrons, au cours de la désagrégation, est un gain ailleurs au cours de l'agrégation ; il en résulte, comme l'a montré entre autres Gustave Le Bon, que la radio-activité est *un phénomène universel*. Nous disons *phénomène*, au lieu de *propriété, parce que la matière en elle-même ne contient pas cette propriété particulière d'exploser spontanément comme l'admet jusqu'ici la théorie classique; la cause nous paraît extérieurement rattachée à une provocation matérielle de masse, une attraction intense, brusque, du dehors, plutôt qu'un rayonnement spécifique libre et spontané du corps lui-même.*

« M. Jean Perrin a déjà supposé que la désagrégation des corps radio-actifs se produit sous l'influence d'un rayonnement ultra-pénétrant ; or, ce rayonnement nous paraît d'origine cosmique, car il n'existe pas sur Terre une influence de masse telle qu'elle puisse, par son attraction, faire exploser les atomes et produire des vitesses aussi élevées que celles des corpuscules ci-dessus...

« A quoi est due cette dématérialisation brusque de la matière, l'arrachement peut-on dire et même l'explosion des atomes ? Nous estimons : par une attraction de masse spécifique encore plus considérable, de charge contraire, c'est-à-dire par le passage d'astres ou de groupes d'astres qui

---

(1) Chez Maloine, éditeur, Paris.

contiennent des masses atomiques semblables, ayant une grande différence de potentiel, ou complémentaire de charge inverse. Autrement dit, les particules Alfa (contenues dans le Radium à 90 % environ), ne nous apparaîtraient pas dues à une explosion rattachée au hasard, mais une puissante *Attraction* provoquée par des charges de sens contraires, si importantes qu'elles ne peuvent être rattachées qu'à des astres importants ou groupe d'astres, comme nous le constatons pour les électrons, entre autres en Météorologie, avec effet sur l'intensité et la vitesse des corpuscules (1) ».

On vient certainement de remarquer dans la citation précédente le terme d'*Attraction,* présenté comme une des causes ou plutôt une des circonstances de la radio-activité. Depuis quelque temps, en effet, certains travaux scientifiques laisseraient pressentir que l'Attraction, dont la Pesanteur avec ses variations accidentelles n'est qu'une forme, doit se rattacher à l'électro-magnétisme en général, et par conséquent à la radio-activité.

La cohésion, l'attraction, qui déterminent la pesanteur vers un centre de gravité, la densité des corps, auraient donc leur origine dans un effet électro-magnétique entre masses de charges électrisées contraires, et trouveraient leur explication en s'intégrant dans la fameuse théorie de la Relativité selon Einstein, complétée par les travaux de Paul Painlevé.

Ce n'est pour l'instant qu'une hypothèse, mais tellement vraisemblable ! et puis nos meilleures certitudes en matière scientifique sont-elles, au fond, autre chose que des hypothèses !

Plus tard, quand nous aurons encore fait reculer les limites du mystère qui de toutes parts nous environne et nous étreint, nous connaîtrons sans doute que toutes ces forces qui, hier, nous apparaissaient sans lien, ne sont en réalité que les aspects divers, que les perceptions fractionnées par notre intelligence infirme, d'une seule et commune source d'énergie.

En effet (de même qu'en mystique, par la communion des fidèles, le niveau de la grâce dans une âme a sa répercussion dans toutes les autres âmes), dans la vie tout se tient, tout

---

(1) Les mots et les phrases qui sont soulignés dans cette citation, l'ont été par nous-mêmes.

s'influence, tout est dépendant de tout. Pascal l'a magnifiquement exprimé : « Le moindre mouvement importe à toute la Nature ; la mer entière change pour une pierre... »

Après ce que nous venons d'écrire, on ne trouvera pas étonnant de nous voir inclure dans la partie « Radius » de la Radiesthésie, non seulement l'onde classique, mais encore certaines variations localisées de l'Attraction et de la Pesanteur, les chutes accidentelles de potentiel électrique et l'ionisation atmosphérique ambiante qui en découle, certaines perturbations magnétiques, en un mot tout l'électromagnétisme avec la lumière, les couleurs et même les sons.

Nous croyons, en effet, que les radiesthésistes en exercice sont sensibles à tous ces phénomènes, soit simultanément, soit préférentiellement. D'autres phénomènes, encore inconnus, exercent vraisemblablement leur action sur eux ; mais pour l'instant, sans vouloir fixer au « Radius » des frontières que demain détruirait sans doute, efforçons-nous d'étudier et de mettre au point ce qui peut être physiquement connu et observé, sans nous perdre en spéculations hasardeuses sur certaines « ondes supra-normales » proposées par quelques auteurs, mais qui pour aujourd'hui ne sont qu'une simple vue de l'esprit. Il est impossible d'explorer de plein-pied l'inconnu, il nous faut partir du connu solidement établi, et s'assurer encore de la solidité du terrain, avant de faire un pas en avant, dans quelque direction que ce soit. Agir autrement serait de l'enfantillage.

Je comprends l'opinion de M. Emile Christophe, quand il écrit dans *Tu seras Sourcier* (1) : « L'électricité, les courants telluriques doivent exercer leur influence ; sans doute, cette influence peut suffire pour expliquer certains phénomènes : elle ne saurait constituer la clef de tous les autres. »

Je suis encore de son avis lorsqu'il écrit plus loin : « Je proclame que s'en tenir aux données de la T.S.F. retardera les découvertes qu'il est possible de faire... », mais je ne puis le suivre aussi aisément lorsqu'il continue en affirmant qu'il faut se baser « non sur les hypothèses d'ordre électrique, mais d'ordre spirituel ».

Je vois bien les deux thèses qui s'affrontent : Matérialisme et Spiritualisme. Chaque théorie veut sa prédominance, voire son exclusivité. C'est une erreur, elles ne valent, à mon sens, rien isolément. La spiritualité n'est ni une onde, ni

---

(1) Chez l'auteur : E. Christophe, 85, rue des Murlins, Orléans (Loiret).

un champ de force ; elle ne le sera jamais. Mais elle peut provoquer une onde, ou un champ de force et à partir de cet instant le phénomène cesse d'être d'ordre strictement spirituel, pour devenir d'ordre physiologique (complexe du spirituel et du physique) contenant jusqu'à preuve du contraire des manifestations électro-magnétiques, qui nous sont les plus faciles à étudier.

« Gardons-nous de trouver le « microbe » de la Radiesthésie, nous n'irions pas plus loin ! » ajoute spirituellement M. Christophe. Je suis d'accord avec lui sur trop de points essentiels pour ne pas me permettre de lui répondre ici sur le même ton: gardons-nous également de trouver « l'Esprit » de la Radiesthésie, nous irions sans doute beaucoup trop loin !

Ou bien, si l'on veut à toute force chercher l'Esprit, ce qui est souhaitable, élargissons le débat. Après avoir expérimenté, après avoir découvert des fractions de connaissance, que ce soit en Radiesthésie ou en tout autre domaine, désirons remonter aux causes premières, et alors, dans un acte qui est en même temps d'humilité et de foi, reconnaissons avec Claude Bernard, qu'il faut, quittant l'état scientifique, qui, essoufflé, ne parvient pas à ces causes, entrer dans l'état théologique.

Nous pénétrons alors dans la Genèse et la Révélation. C'est le travail d'un philosophe que de nous y conduire, non celui d'un humble chercheur qui a un but tout différent et beaucoup plus restreint : condenser beaucoup de ce qui a été dit, beaucoup de ce qui a été fait, tout ce qu'il a observé, en une méthode pratique de travail et un essai loyal d'explication des causes proches.

I

LA PESANTEUR ET L'ATTRACTION

Je ne suis pas le premier à reconnaître que la Pesanteur peut jouer un rôle dans les réactions radiesthésiques.

L'Abbé Mermet, à différentes pages de son livre : *Comment j'opère,* ne signale-t-il pas le fait que son pendule semble s'alourdir ou s'alléger dans certains cas, suivant la qualité et la densité du corps enfoui et détecté. Il va même jusqu'à parler d'une sensation de viscosité du milieu dans lequel s'agite son instrument. Peu de sourciers sont sans doute capables de ressentir avec autant de netteté un phénomène qui est d'un ordre de grandeur absolument minime, et nous ne pouvons qu'admirer la délicatesse extrême d'un système nerveux susceptible d'amplifier jusqu'à la parfaite conscience une sensation aussi ténue. Certains pourraient même croire qu'il s'agit là de pure suggestion sans base réelle, si par ailleurs, dans son *Manuel Théorique et Pratique de Radiesthésie,* M. René Lacroix-à-l'Henri ne reprenait la même observation en parlant de « changements de poids » du pendule.

« Ces changements, dit-il, ne sont pas seulement une idée, mais un fait démontrable. Si nous fixons le pendule à l'extrémité d'une tige flexible en tenant l'autre extrémité, nous verrons la courbure s'accentuer sur les liquides lourds, se détendre sur un gaz. Sur un souterrain, le pendule s'allégera aussi. »

Comment d'ailleurs s'étonner que le pendule soit sensible aux variations de la pesanteur lorsqu'on sait qu'il est précisément un des instruments les plus utilisés en physique, pour étudier les lois de la dite pesanteur, que nous allons nous-mêmes passer rapidement en revue ici, pour les nécessités de notre démonstration.

DIRECTION DE LA PESANTEUR. — Si nous voulons soulever une masse quelconque, soit une brique, soit un bloc de granit, etc., nous sommes obligés de faire un effort et de le maintenir tant que nous gardons la masse en dehors de son point d'appui. Si, à un moment donné, nous lâchons la brique sans lui imprimer volontairement une direction quelconque, nous observons qu'elle tombe vers le sol *suivant une ligne verticale*. Tous les traités de physique traduiront ainsi ces deux constatations précédentes :

— La cause commune qui fait que tous les corps sont pesants, porte le nom de pesanteur.

— Quel que soit le corps sur lequel elle agit, la pesanteur conserve en un même lieu une direction invariable, que l'on nomme la verticale du lieu, facilement observable grâce au fil à plomb au repos (qui est le plus simple des pendules).

MOUVEMENT PENDULAIRE. — Quand le fil à plomb est au repos, il est en état d'*équilibre stable* suivant une ligne A A' dans le sens de la verticale descendante, conformément à la loi de la pesanteur.

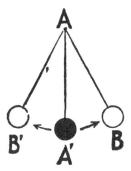

Figure I

Si, écartant la boule de sa position d'équilibre, nous l'amenons en B, et que nous l'abandonnions à elle-même, nous constatons alors qu'elle est soumise à une force (pesanteur) qui la pousse à revenir à sa position d'équilibre A', mais qu'elle dépasse ce point à une certaine vitesse (force cinétique), pour remonter vers le point B' symétrique de B par rapport à la ligne verticale initiale. A son arrivée en B', la vitesse du pendule s'annule, et celui-ci tend à revenir en A', appelé par la même force qu'au départ de B, où il remonte encore, et ainsi de suite.

Ce mouvement pourrait se produire indéfiniment si des résistances, provenant principalement de l'air et du point de suspension du fil, ne venaient pas le contrarier et l'amortir.

Ainsi que nous venons de le voir, le pendule déséquilibré exécute une série d'oscillations. Le chemin parcouru de B en B' représente une *demi-oscillation*. Le chemin parcouru de B en B' et retour en B constitue une *oscillation complète*.

Le temps que met le pendule à parcourir une oscillation complète s'appelle *Période pendulaire*.

Le maximum d'angle d'écart que la ligne A B fait avec la ligne verticale A A' se nomme *amplitude pendulaire*.

Galilée a reconnu les lois du mouvement pendulaire. Elles peuvent se résumer ainsi :

— La durée des petites oscillations (1) d'un pendule simple

est indépendante de leur amplitude, ou isochrone,

est indépendante de la masse du pendule,

est proportionnelle à la racine carrée de la longueur du pendule,

est en raison inverse de la racine carrée de l'intensité de la force qui produit le mouvement pendulaire,

est en raison inverse de la racine carrée de l'accélération de la pesanteur au point du globe considéré.

UTILISATION DU PENDULE A LA MESURE DE LA PESANTEUR. — Borda a fait des expériences sur ce sujet avec un pendule simple constitué par une petite sphère de platine reliée à un fil d'acier très fin, suspendu lui-même à un dispositif étudié spécialement pour présenter un minimum de frottement. Ces expériences ont été reprises depuis.

Les dimensions et la masse du fil et de la sphère, ainsi que la longueur du pendule (environ un mètre), étant connues et réalisées pour battre la seconde au niveau de la mer, à 45° de latitude (connaissance acquise en observant le temps que ce pendule met à effectuer un nombre très important et déterminé de petites oscillations), si on transporte ce pendule, au même degré de latitude, à une altitude élevée, on remarquera que, pour le même temps, le nombre des oscillations sera quelque peu diminué, ou que pour le même nombre d'oscillations il faudra plus de temps, parce que, la masse pendulaire restant invariable, la pesanteur due à l'attraction terrestre est devenue plus faible.

Si, toujours au niveau de la mer, de 45° de latitude on transporte ce pendule au pôle par exemple, au lieu de battre

---

(1) On entend par petites oscillations pendulaires, celles qui ne présentent pas plus de 4 ou 5 degrés d'amplitude.

la seconde, il ne battra plus que 0 seconde 9987, parce que l'accélération, au lieu d'être de 980 cms 941 par seconde comme au quarante-cinquième degré de latitude, y est de 983 cms 216. A l'équateur, sa période sera de 1 seconde 0026, l'accélération due à la pesanteur n'étant plus que de 978 cms 030.

Ces différences de pesanteur observées suivant les latitudes s'expliquent : 1° du fait que la Terre est plus renflée à l'équateur et qu'ainsi le pendule s'y trouve plus loin du centre de la Terre qu'aux Pôles ; 2° parce que le mouvement de rotation de la Terre autour de son axe a tendance à écarter de cet axe, avec d'autant plus de force qu'ils en sont plus éloignés, tous les corps situés à la surface de la Terre.

L'expérience de von Jolly sur les différences de pesanteur dues à l'altitude ont démontré qu'une masse de 5 kilogrammes de mercure, pesée alors qu'elle est presque au niveau du sol, perd 32 milligrammes si elle est transportée à 21 mètres de hauteur.

Ces deux variations (latitude et altitude) de la pesanteur sont donc, comme nous venons de le voir, d'une très minime importance, et il faut des instruments de haute précision pour les observer. Ce sont les deux seules variations auxquelles s'est intéressée la physique générale, en proposant pour les étudier, cette condition si commune dans cette science : « toutes autres choses restant égales d'ailleurs », qui supposent que les expériences se passent dans un milieu toujours idéalement le même en dehors des perturbations intéressant l'expérience en cours.

Mais dans la réalité, les « autres choses » ne restent pas toujours égales, ainsi que nous allons le prouver, en revenant en même temps aux différences de densité des accidents souterrains modifiant la pesanteur à un point donné, et en rejoignant la Radiesthésie dont nous avons paru peut-être nous écarter dans les pages précédentes.

De ce qui vient d'être dit, on peut tirer le postulat suivant : un pendule réglé pour battre la seconde, ou un autre temps déterminé, à 45° de latitude et au niveau de la mer, doit en principe battre la seconde, ou le temps déterminé, sur tous les autres points de la Terre situés au niveau de la mer dans la zone des 45° de latitude ; les différences provenant d'une altitude plus élevée peuvent être connues et appréciées d'avance. Or, deux savants français : le Révérend Père Lejay, directeur de l'Observatoire de Zi Ka Wei, à Changhaï, et M. Holweck, physicien à la Sorbonne, grâce à un pendule inventé par eux, ayant une amplitude d'oscillation de 1 millimètre seulement, doué d'une sensibilité jamais égalée puisqu'elle est 400 fois supérieure à celle du pendule classique, ont constaté, en voulant constituer le « géoïde » de la surface terrestre, que compte tenu des variations normales dues aux changements de latitude ou aux changements d'altitude, certaines anomalies dans la période oscillatoire de leur pendule provenaient d'accidents souterrains tels que des filons de minerais de densité plus grande que le milieu ambiant, comme c'est le cas du fer par exemple, ou plus faible, comme c'est le cas du pétrole, etc...

L'*Illustration* du 22 juillet 1933 parle en ces termes, sous la signature de Jean Labadié, d'une carte gravimétrique établie par M. Holweck et le R. P. Lejay :

« Elle a trait aux plaines du nord de la France, où les variations d'altitude sont à peu près négligeables. Les courbes continues marquent les lieux d'égale pesanteur. Leur seul aspect rappelle les courbes de niveau utilisées pour le tracé des cartes en relief. Là, le relief est tout idéal. *Positif* dans la région de Boulogne, il devient *négatif* au-dessus du bassin houiller (la houille est plus légère que la terre environnante)... Ainsi, ajoute M. Jean Labadié, avec un chronomètre suffisamment précis et un pendule conservant son réglage durant le transport d'un point à un autre, il suffira de mesurer la période d'oscillation de l'appareil en diverses stations pour induire des variations de l'oscillation, celles-là mêmes de la pesanteur aux différents points considérés », et je continue : pour conclure d'après les variations de la pesanteur, à la présence dans le sol, à la verticale de l'instrument, d'accidents géologiques de densité différente de celle du milieu environnant, tels que : nappe ou courant d'eau, gaz, pétrole, fractures, cavernes, souterrains, filons ou masses minérales ou métallifères.

On voit donc que parmi la complexité des causes qui peuvent produire le phénomène radiesthésique, la pesanteur prend une place sinon prépondérante, du moins qui n'est pas négligeable, car il n'y a pas que le pendule à être impressionné par ses variations, l'organisme du sourcier, sa sensibilité en sont aussi affectés probablement.

« La notion de la pesanteur, écrit M. Paul Serres dans *La Vérité sur la Radiesthésie*, étant innée chez l'homme et faisant partie intégrante de tous ses mouvements instinctifs, il semble naturel qu'une sensibilité au-dessus de la normale

— et surtout éduquée par un long entraînement (1) — lui permette d'en saisir les variations, mêmes infimes. »

*
* *

En ce qui concerne l'Attraction, commençons par en donner une explication générale.

« Newton remarqua que, d'après les lois de Képler sur les temps de révolutions des planètes autour du soleil, la force agissante sur chaque planète est dirigée vers le soleil, et varie proportionnellement à la *masse,* en raison inverse du carré de la distance de la planète au soleil. On peut donc considérer cette force comme une *attraction* provenant du soleil (attraction universelle). Plus généralement, l'attraction doit se faire sentir entre deux molécules quelconques appartenant toutes les deux au soleil, ou à une planète, ou à un satellite, ou bien l'une à l'un de ces corps, et l'autre à un autre. » (Larousse du XXe siècle).

Newton formula dans le sens suivant ses conclusions :

La matière attire la matière. Deux corps s'attirent mutuellement, suivant la ligne qui les joint, avec une force proportionnelle à leurs masses, et en raison inverse du carré des distances.

Ces conclusions ne furent d'abord qu'une géniale hypothèse, mais ensuite de nombreuses expériences prouvèrent la réalité de l'attraction entre tous les corps. On a même mesuré qu'entre deux masses de 100 kilos posées à 0 m. 25 l'une de l'autre, la force attractive ne dépasse pas 1 milligramme-poids.

Dans ces conditions, il est compréhensible que l'attraction entre chaque corps particulier échappe généralement à notre connaissance sensible, consciente, naturelle, car « si tous les corps produisent ces effets (attraction), c'est la Terre qui produit le plus grand effet de masse en ce qui nous concerne, sur les corps placés dans son champ, qu'elle attire et qui cèdent à son attraction prépondérante. » (*Le Monde Invisible et Mystérieux des Ondes,* d'Henri Chrétien.)

On voit donc que, si généralement nous observons la seule attraction terrestre conforme à la Pesanteur, il existe cependant une attraction entre tous les corps, et par conséquent nullement soumise à la direction verticale descendante de la pesanteur.

---

(1) Remarque ajoutée par M. Chouteau.

Cette attraction, que j'ai indiquée comme échappant *généralement* à notre observation directe, est cependant constatable entre un aimant et une petite barre de fer, ou entre deux aimants. Nous nous trouvons là devant une force attractive qui peut dépasser celle de la pesanteur, puisqu'elle peut actionner une masse suivant sa verticale ascendante, ou perpendiculairement ou obliquement à cette verticale.

Nous pouvons conclure raisonnablement, semble-t-il, que tout champ magnétique proportionnellement à son intensité, que toute densité tranchant sur la densité du milieu ambiant, créeront une attraction susceptible d'être ressentie par le délicat instrument de perception qu'est la personne humaine (parcourue elle-même de courants électriques), ainsi que par ses instruments amplificateurs.

D'ailleurs, il existe actuellement un instrument physique capable de nous indiquer les différences d'attraction particulières entre un milieu homogène et un accident souterrain de densité plus ou moins grande. Jusqu'à présent, M. Paul Serres est le seul radiesthésiste à ma connaissance à l'avoir signalé à l'attention de ses confrères, dans son livre : *La Vérité sur la Radiesthésie* (Dunod, éditeur). Nous ne pouvons mieux faire que d'en reproduire ici les pages suivantes :

« Supposons que deux petites masses égales soient suspendues aux extrémités d'un fléau. Si le sous-sol est homogène, leur équilibre est parfait pour toutes les positions de ce fléau, mais s'il se trouve près de là un gisement de grande densité, et que, par suite de la position du fléau, le centre de gravité de ce gisement soit à des distances différentes de chacune des masses qu'il porte, l'attraction sur ces masses étant elle aussi différente, tendra à faire tourner le fléau jusqu'à ce que l'équilibre se réalise à nouveau.

« Comme on ne peut pratiquement construire de grands fléaux sans inertie, l'écartement des masses est forcément limité, et on conçoit que, dans ces conditions, la différence d'attraction soit infinitésimale. En réalité, elle est de l'ordre d'un milliardième. Si invraisemblable que cela puisse paraître de prime abord, le physicien hongrois Eötvös a réussi à construire un appareil assez sensible non seulement pour la déceler, mais pour la mesurer avec précision.

« Dans cet appareil, le fléau d'aluminium a une longueur d'environ 50 cms, et il est suspendu en son milieu à un fil de même longueur, dont on conservera la torsion. Au cours des premiers essais, les deux masses, de quelques décigrammes chacune, se trouvaient placées directement aux extrémités du fléau. Par la suite, l'une d'elles a été suspendue par un fil à une trentaine de centimètres plus bas, pour augmenter la sensibilité de l'ensemble. De plus, comme chaque observation demandait six lectures différentes et que chacune d'elles occupait une heure, on a placé sur le même appareil deux balances en sens opposé, ce qui réduit de moitié le temps nécessaire.

« La torsion du fil se mesure au moyen d'un spot lumineux, grâce à un miroir placé dessus.

« Cet étonnant appareil, bien connu des physiciens, est d'une telle précision qu'il permet de déceler de très petites quantités de métal enfoui sous terre.

« Voici donc un phénomène, ajoute M. Paul Serres, perceptible par un appareil de physique et qui va jeter une lueur sur une question plus controversée encore en radiesthésie que la vibration de la baguette ou la rotation du pendule au-dessus d'un courant d'eau : je veux parler de la recherche, à distance plus ou moins grande, de la direction dans laquelle se trouve un accident souterrain ou un objet caché, voire une personne ou toute autre chose identifiable... Beaucoup de critiques considèrent ce procédé comme insoutenable. La plupart des radiesthésistes font appel pour l'expliquer à des « ondes » ou à des émissions. La Balance d'Eôtvös nous apporte une solution dans laquelle il n'est question que de forces connues de tous, d'un champ qui a mérité le nom d'universel ; ce qui ne veut pas dire d'ailleurs, répétons-le, que cette solution soit la seule admissible, ou que ce champ soit le seul à intervenir dans nos sensations. Le soleil attire la terre, et cela ne l'empêche ni de la chauffer, ni de l'éclairer, ni d'exercer sur elle une quantité d'autres effets dont on commence seulement à soupçonner l'intensité et l'importance. »

Nous nous excusons de la longueur de cette citation, mais on ne pouvait mieux exprimer ce que nous pensons nous-mêmes de la chance qu'a ce phénomène d'entrer en ligne de compte dans les forces objectives de la radiesthésie.

II

LES CHAMPS ÉLECTRIQUES ET MAGNÉTIQUES

CHAMPS ELECTRIQUES. — Les courants électriques du sol, dits telluriques, ne sont pas niables. Ils sont reconnus par tous les physiciens. M. A. Pérot, professeur à l'Ecole Polytechnique, écrit dans *Phénomènes magnétiques et électriques terrestres* (Etienne Chiron, éditeur) : « Si l'on relie par une ligne conductrice deux points du sol, on constate en général un courant tellurique ; l'intensité des courants ainsi obtenus est loin d'être constante, elle subit des variations accidentelles importantes... Si on place deux lignes électriques perpendiculaires l'une à l'autre, et qu'à la station d'observation placée à leur point de croisement, on mesure les courants telluriques dans les deux lignes, on obtiendra les composantes du courant suivant les deux directions rectangulaires, d'où l'on déduira le courant maximum et sa direction ; on pourra ainsi déterminer l'orientation et la grandeur des courants telluriques à un instant quelconque. C'est ainsi que l'on opère dans les observatoires qui s'occupent des courants telluriques. »

On utilise d'ailleurs ces courants soit pour la télégraphie par le sol, soit comme fil de retour du réseau téléphonique. L'induction par la terre est un fait démontré ; si l'on déplace un circuit de façon qu'il coupe les lignes du champ terrestre, il s'y produit des courants que Faraday a appelé *d'induction telluriques*. Le fait n'a rien en lui-même qui puisse étonner : toute différence entre les corps, que ce soit température, pression, différence de masse, de forme, d'intensité, de potentiel, tout mouvement, tout contact, produit un courant électrique de transport. Mais précisément, dans la terre, ces courants ne présentent pas partout la même intensité. On assiste à des chutes ou à des élévations de potentiel marquées, entre des terrains ou des couches géologiques de conductibilité différente. Il en est de même dans les organismes humains et animaux. Si le terrain est homogène, des instruments physiques parfaitement connus, avec des électrodes enfoncées au sol, indiqueront des lignes et des surfaces équipotentielles ; mais que, sur un large espace de terrains homogènes, se situe soit un courant d'eau souterrain, soit une faille ou un filon métallifère, etc., et les mêmes instruments marqueront une rupture des lignes et des surfaces équipotentielles sur sa verticale et sur différentes lignes de force émanant de cette cause de discontinuité de l'équilibre électrique du sol et du sous-sol.

Par ailleurs, on sait que les courants telluriques sont un des facteurs de l'électronisation de la basse atmosphère. Ce phénomène est mis en évidence par les électromètres ultrasensibles construits par certains physiciens, et qui permettent de constater que là où la réaction rabdique a annoncé l'existence d'un courant d'eau souterrain, d'une faille, d'un filon métallifère, l'aiguille d'un microampèremètre, enregistre une ionisation atmosphérique nettement plus importante qu'en terrain neutre.

Mais qu'est-ce donc que l'ionisation ?

Nous demanderons à M. Henri Copin de nous répondre :

« L'ionisation est un phénomène fort répandu, qui a conduit les physiciens à émettre, il y a quelques années déjà, l'hypothèse d'une radiation ultra-pénétrante.

« L'ionisation fait apparaître des charges électriques positives et négatives normalement neutralisées en la matière.

« L'ionisation qui nous intéresse est celle de l'air ; dans ce cas, le phénomène consiste en l'expulsion d'un atome neutre, d'une ou plusieurs particules chargées négativement ; le reste de l'atome est évidemment chargé positivement.

« La propriété essentielle d'un gaz ionisé est d'être conducteur de l'électricité.

« Or, Edison a constaté depuis longtemps que si l'on charge un électroscope à feuilles d'or, soigneusement isolé, enfermé sous une cloche de verre, on constate au bout d'un certain temps la décharge de l'appareil. Cette décharge se stabilise après une centaine d'heures, d'après certaines expériences, elle se poursuit au contraire si l'on renouvelle l'air de la cloche de verre. On note également la proportion directe existante entre la décharge et la pression de l'atmosphère ambiante. Ceci prouve l'électrisation de l'air renfermé dans la cloche aux dépens de la charge de l'électroscope...

« L'ionisation constatée pendant une série d'expériences fut ainsi expliquée : étant donné la recombinaison immédiate des charges électriques contraires, détruisant spontanément les ions dès leur formation, la continuité du phénomène correspond nécessairement à une cause également continue. Il faut donc rejeter immédiatement les rayonnements solaires connus à cause de leurs variations considérables et de leur absorption déjà énorme dans l'atmosphère.

« La constitution du sol est prête à fournir une explication. En effet, la terre contient une quantité infime d éléments capables cependant d'ioniser l'air de la basse atmosphère. Tels sont le radium, le thorium, dont on trouve quelques millièmes de milligramme par tonne de certains terrains » (1).

Cette ionisation faible et permanente n'a pas à la surface de la terre une valeur unique et constante. De nombreuses expériences ont démontré qu'un électroscope à feuille d'or qui met une centaine d'heures à se décharger sur un terrain neutre, se déchargera en quatre fois moins de temps s'il est posé à la verticale d'un courant d'eau souterrain, d'un filon métallifère, etc. D'où l'on peut conclure qu'à la verticale de ces accidents géologiques affectant l'intensité des courants telluriques, l'air est nettement plus ionisé qu'ailleurs, et, par conséquent, meilleur conducteur de l'électricité.

Pour la Radiesthésie, il semble bien en résulter que la personne humaine « avec ses cellules qui constituent des condensateurs d'onde, et aussi son corps qui forme une pile électrolytique naturelle, se charge et se décharge par contact atmosphérique ou par contact des pieds à la terre, le courant d'aller et de retour se faisant par le sol ou par l'atmosphère, ou inversement comme en télégraphie. Dans ce cas, le corps enregistre cette différence de potentiel, avec son sens. » (H. Chrétien).

CHAMPS MAGNETIQUES. — Nous ne nous étendrons pas longuement sur ce sujet.

Rappelons toutefois qu'il existe à la surface du sol un champ magnétique perceptible à la boussole. La déclinaison, l'inclinaison et la composante des forces nous en fournissant la grandeur et la direction en un lieu donné.

Quand on compare à la surface de la terre un grand nombre de points d'égale déclinaison (isogones), on constate, si on cherche à les relier par une ligne, qu'ils forment sensiblement des méridiens ; en agissant de même avec les points

---

(1) *Les Ultra-Radiations*, Amédée Legrand, éditeur, Paris.

d'égale inclinaison (isoclines), on obtient sensiblement des parallèles.

Ceci pour les grands ensembles.

Mais, si on réduit la recherche de la déclinaison et de l'inclinaison à de petits espaces de terrain, des appareils physiques tels que la Magnétomètre de Fortin, par exemple, ou l'Indicateur Galvanométrique de H. Mager, permettent de discerner de légères perturbations du magnétisme terrestre localisées au-dessus et à proximité des veines d'eau souterraine ou de certains minerais, comme le fer notamment, ou des failles et souterrains.

Il y a tout lieu de supposer que ces perturbations accidentelles ne sont pas non plus sans influencer le sujet-réactif qu'est le sourcier, alors que l'homme est généralement si sensible aux dépressions atmosphériques, aux orages, qui sont des phénomènes du même ordre.

Un autre appareil, le « Géramètre », signalé par M. J. Charloteaux, dans son *Traité de Radiesthésie Physique*, permet de déceler des polarisations anormales localisées du magnétisme terrestre. D'après cet auteur, le géramètre comporte « un petit aimant droit de $8 \times 3 \times 3$ centimètres et placé sur la face verticale sud d'une boîte. Il peut coulisser horizontalement entre deux rainures. La boussole qui est sur le couvercle peut aussi se mouvoir vers le sud dans deux glissières. En plaçant l'aimant à gauche du plan N.-S. de la boussole, on crée l'angle de déviation initiale. La variation de cet angle entre 20 et 50 degrés est obtenue en faisant coulisser la boussole dans les rainures.

« Pour employer cet appareil, on enlève d'abord l'aimant puis on oriente la boîte de façon que l'aiguille soit perpendiculaire à la face qui contenait l'aimant. A ce moment, la pointe N. de la boussole marque O. Quand on remet l'aimant dans son godet, l'aiguille dévie et l'on obtient ainsi une première mesure. Les autres mesures sont obtenues de la même façon. »

Pour cette première mesure, posons l'appareil à environ cinq mètres d'une ligne d'eau souterraine et perpendiculairement à cette ligne. Admettons que nous ayons un angle de 35°. A 50 cm. plus près de la ligne d'eau, nous obtiendrons, par exemple, 34°5. »

Continuons ainsi de 0 m. 50 en 0 m. 50, nous aurons fait dix mesures à gauche du courant, et dix mesures à droite, et une sur sa verticale. Représentons cela par un graphique.

Traçons deux axes perpendiculaires. Portons en abcisse la distance mesurée ; et en ordonnée, les valeurs angulaires correspondantes. Si nous joignons par une courbe les points obtenus, nous aurons à l'emplacement du courant (s il est juste), un sommet du graphique.

« Le contrôle d'une cavité », continue M. Charloteaux, s'effectue de la même façon. La courbe tracée comme précédemment présente un *affaissement* nettement marqué au point où se trouve la cavité. »

III

LES ONDES ÉLECTRO-MAGNÉTIQUES

Si, volontairement, au début de cette étude, nous avons ramené l' « onde pure » à un rôle plus modeste que celui prépondérant, unique même, qu'on lui prête habituellement en Radiesthésie, nous ne prétendons pas pour cela qu'elle soit inopérante, et qu'il faille la rejeter comme cause objective probable des mouvements sourciers. J'ai même, personnellement, la conviction, basée d'ailleurs sur des données purement empiriques, que dans la majeure partie de ce que nous détectons, sinon dans tout, il y a l'*onde*, sans quoi la recherche à grande distance paraîtrait impossible. Mais sans doute trouve-t-on là aussi, la raison de la fragilité, de la moindre constance, de la précarité actuelle, des résultats de la Téléradiesthésie qui n'a pas à sa disposition les autres champs de force.

Qu'est-ce donc en général que le rayonnement électro-magnétique ?

La Physique nous enseigne : que les rayons Hertziens, cosmiques, telluriques, les rayons X, Gama, Ultra-violets ou Infra-rouges, toute la lumière spectrale visible, les ondes ultra-courtes, courtes, moyennes, longues, etc..., ne sont que des aspects divers d'un même rayonnement électromagnétique de qualité identique mais de fréquences différentes. Entre les ondes Hertziennes, par exemple, et les rayons X, il n'y a pas de différence de nature, mais seulement des positions espacées sur l'échelle des fréquences.

Comment ce rayonnement prend-il naissance ?

Pour essayer d'en faire la genèse, nous devons commencer par parler de l'atome.

Si la notion d'atome fut entrevue dès la plus haute antiquité, il fallut attendre les découvertes des lois pondérales de la chimie, pour qu'on pût lui donner quelques précisions, et une définition nette : Parcelle d'un corps simple regardée comme inséparable, et formant la plus petite quantité d'un élément qui puisse entrer en combinaison.

Par ailleurs, des expériences multipliées, parmi lesquelles figurent les travaux d'Aston, ont démontré que l'électron, sorte d'atome d'électricité négative, dépourvu de support matériel, est un constituant universel de la matière, et se retrouve dans chaque atome ; elles ont amené également à cette conception générale des Atomes :

« L'atome est constitué par un noyau très petit et très dense possédant une charge électrique positive égale à un certain nombre entier de *Protons,* appelé *nombre atomique* de l'élément. Autour de ce noyau gravitent, comme des planètes autour du soleil, un nombre d'électrons égal au nombre atomique.

« L'atome le plus simple est l'atome d'Hydrogène, dont le nombre atomique est I ; la charge électrique du noyau est de I proton, il ne comporte qu'un seul électron périphérique. L'atome le plus lourd, celui d'Uranium (nombre atomique 92), à 92 électrons périphériques. » (*Larousse du* xx° *siècle*)

Les nombres atomiques déterminés à partir des expériences de Rutherford sur la diffusion des particules correspondent à l'ordre de la classification de Mendeleef, basée sur les poids atomiques. Nous donnons ci-dessous cette classification qui interviendra dans l'explication de certains phénomènes radiesthésiques :

TABLEAU DE MENDELEEF

Nom du corps simple	Nombre atomique (électronique)
Hydrogène	1
Helium	2
Lithium	3
Glucinium	4
Bore	5
Carbone	6
Azote	7
Oxygène	8
Fluor	9
Néon	10
Sodium	11
Magnésium	12
Aluminium	13
Silicium	14
Phosphore	15
Soufre	16
Chlore	17
Argon	18
Potassium	19
Calcium	20
Scandium	21
Titane	22

Vanadium	23
Chrome	24
Manganèse	25
Fer	26
Cobalt	27
Nickel	28
Cuivre	29
Zinc	30
Gallium	31
Germanium	32
Arsenic	33
Selenium	34
Brôme	35
Kripton	36
Strontium	37
Rubidium	38
Yttrium	39
Zirconium	40
Colombium	41
Molybdène	42
Masurïum	43
Ruthenium	44
Rhodium	45
Palladium	46
Argent	47
Cadmium	48
Indium	49
Etain	50
Antimoine	51
Tellure	52
Iode	53
Xénon	54
Césium	55
Barium	56
Lanthane	57
Cerium	58
Praséodine	59
Néodine	60
—	61
Samarium	62
Europium	63
Cadolinum	64
Terbium	65
Dysprosium	66
Holmium	67
Erbium	68
Thulium	69
Ytterbium	70
Lutecium	71
Ceatium	72
Tantale	73
Tungstène	74
Rhénium	75
Osmium	76
Iridium	77
Platine	78
Or	79

Mercure	80
Thallium	81
Plomb	82
Bismuth	83
Polonum	84
—	85
Radon	86
—	87
Radium	88
Actinium	89
Thorium	90
Brevium	91
Uranium	92

Mais revenons à l'atome :

Nous avons vu que chaque atome d'un corps simple se compose d'un noyau central électrisé positivement, sorte de soleil autour duquel gravitent l'*électron* dans l'hydrogène, les électrons dans tous les autres corps. Le noyau ayant une charge d'électricité positive égale au total des charges d'électricité négative des électrons, il faut admettre donc que les atomes, au point de vue électrique, sont neutres. Neutres, mais non pas inertes ! Au sein des atomes règne au contraire une étonnante activité : farandoles gigantesques d'électrons lancé dans un va-et-vient perpétuel.

Avec les moyens actuels de mesure pour compter le passage des électrons dans chaque sens, nous observons une parfaite régularité quantitative dans l'alternance de ces passages ; toutefois, il arrive que nous constatons, au lieu de l'équilibre indiqué, une dissymétrie, une irrégularité quantitative plus ou moins forte entre les jets électroniques de sens différents. C'est qu'alors, l'atome, les atomes, le corps considéré, ne seraient plus en état de repos électrique, mais qu'il y a production de courant.

Quelles causes peuvent faire cesser l'état de neutralité électrique en engendrant un courant ? — Elles sont de plusieurs sortes, mais dans le domaine qui nous intéresse, nous relevons deux causes principales :

1° *Les différences thermiques de contact entre les corps :* Je crois que nous les rencontrons surtout dans nos recherches géologiques, car les températures spécifiques très diverses des corps et des matériaux qui composent le sol et le sous-sol créent *vraisemblablement* (en partie du moins, car il peut y avoir d'autres raisons au phénomène), les courants tellurgiques. Je n'ai pas à préciser ici comment naît le courant par origine de dissymétrie thermique, ceci relève des précis d'électricité, qu'il suffira aux esprits curieux de consulter.

2° *Par combinaisons chimiques* : (Là encore, je renvoie pour l'explication aux traités d'électricité). Ce phénomène, nous le rencontrons dans l'organisme humain, « vaste usine chimique et galvanoplastique » comme nous le verrons plus loin, et certainement aussi dans le sol.

Ainsi nous savons qu'un courant électrique parcourt la plupart des corps bons conducteurs, soit quand ils sont intégrés au sol, ou en contact avec lui, soit quand ils sont le siège de combinaisons chimiques. Que va-t-il advenir de cet état de chose ?

Tout d'abord, nous assistons à la formation autour du corps conducteur, par échauffement de celui-ci, d'un *champ électrique* décelable par l'attraction des corps légers qu'il provoque, et d'un *champ magnétique* mis en évidence par son action sur l'aiguille aimantée.

Si nous pouvions arrêter le courant en ramenant les électrons à leurs mouvements alternatifs *équilibrés,* nous provoquerions la cessation de ces deux champs. Cessation pas immédiate cependant, bien qu'extrêmement rapide. Il y aurait en réalité repli de ces champs vers le conducteur, à la vitesse de la lumière, soit 300.000 kms à la seconde, avec une certaine action sur les électrons qui prolonge leurs mouvements, et retarde leur arrêt.

En fait, les physiciens semblent avoir établi que les courants alternatifs à très haute fréquence dont nous discutons ici, faisant très rapidement vibrer les électrons sur place, leur communiquent de *brusques départs et de brusques arrêts,* de sorte que les zones du champ magnétique les plus éloignées du corps électrisé n'ayant plus le temps de revenir jusqu'au conducteur, se trouvent, de ce fait, dépourvues de leur support matériel, et sont ainsi lancées dans l'espace, créant le rayonnement électro-magnétique.

Ce rayonnement électro-magnétique lancé dans l'espace à une vitesse connue, peut présenter des *fréquences* et des *périodes* différentes suivant la qualité de l'émetteur. On sait que la *fréquence* est la quantité de périodes par seconde, et la période, le temps nécessaire à une oscillation complète (1) du mouvement alternatif de l'onde.

Or, si pour un **rayonnement déterminé,** on connaît la fréquence des périodes, il est évident qu'en divisant le *parcours*

---

(1) Voir ce qu'est l'oscillation complète page 20.

par seconde (toujours le même), du rayonnement (300.000 kms) par la *fréquence*, on va obtenir un résultat qui nous indiquera une notion nouvelle : la *longueur d'onde*, c'est-à-dire la longueur du trajet parcouru par chaque période, ou son *amplitude*. Cette longueur d'onde, suivant les cas, se chiffrera en mètres, en centimètres, en millimètres et en micromètres. En Radiesthésie, c'est principalement les deux dernières mesures qui nous intéressent le plus.

Il serait faux de croire que seuls les corps « radiants » possèdent de l'énergie, et que leur rayonnement une fois projeté hors de ces corps, en est dépourvu. Tout au contraire, il est lui-même énergie, et celle-ci est de même nature, de même modalité que celle du « corps rayonnant » qui en est la source.

Qu'un rayonnement vienne à frapper un corps absorbant, et il lui transmettra habituellement de la chaleur.

Einstein a prouvé théoriquement que le rayonnement est soumis à la loi de la pesanteur, qu'il est par conséquent dévié par elle. Depuis, certaines méthodes de mesure ont confirmé le « poids » du rayonnement, aussi ne sera-t-on pas surpris si la physique moderne la plus orthodoxe, admet, reconnaît même comme certain, un fait de répulsion, dit « pression de radiation », dans un corps que frappe un rayonnement. Certes, nous nous trouvons là devant un phénomène d'un ordre de grandeur extrêmement minime, mais qui n'est pas discutable, et dont on saisit certainement toute l'importance pour la radiesthésie.

Le rayonnement, nul ne l'ignore, produit aussi par son énergie des réactions chimiques mises particulièrement en évidence par la photographie.

Rappelons ici, à titre documentaire, quelques chiffres de fréquences qui permettront de mieux situer les phénomènes ondulatoires que nous nous efforçons de capter : partons de la lumière visible pour laquelle la science la plus officielle nous apprend que les fréquences sont de 375 à 750 trillions de périodes par seconde ; l'Ultra-violet vient ensuite, situé entre 750 trillions et 20 quadrillions de périodes par seconde. Avec les rayons X, nous passons de 20 quadrillions à 60 quintillions ; et la liste des chiffres astronomiques s'allonge avec les rayons gamma, les ondes cosmiques, et... tout le reste qui, vraisemblablement, fait partie de ce qui nous intéresse le plus.

En somme, si nous voulons nous résumer, nous pouvons dire que lorsque des électrons changent brusquement de vitesse, ils créent le rayonnement, et que selon la rapidité de l'accélération ou de l'arrêt des électrons, le rayonnement sera soit lumineux, soit un rayon cosmique, soit un rayon X, soit une tout autre onde...

On aurait tort de croire que, seuls, les eaux souterraines, les minéraux, les métaux, peuvent émettre des ondes. Le corps humain lui-même est un indiscutable émetteur de rayonnement.

Pour ce qui concerne le cerveau, il y a près de quatre-vingts ans, Hans Berger remarquait que celui-ci était le siège de phénomènes électriques d'une particulière intensité, et présentant le caractère ondulatoire. Mais il fallut la découverte de Hertz pour que le Docteur Cazzamali de Côme, il y a quelques années, pût mettre au point le dispositif qui, en les captant à distance, fournit la preuve des « ondes cérébrales ».

Le patient et les appareils d'amplification sont mis à l'abri des perturbations parasites dans une cage de Faraday constituée par une chambre métallique blindée de 2 m. 65 sur 1 m. 65 et 2 m. de hauteur. Cette chambre peut être isolée ou mise à la terre à volonté par un fil de raccordement et des blocs de porcelaine.

Le patient étendu sur une sorte de civière doit atteindre une vacuité mentale aussi grande que possible tandis qu'au-dessus de sa tête est tendue une antenne en fil de cuivre, maintenue et isolée par des cordonnets en soie, qui va rejoindre un circuit d'amplification par lampes de T. S. F., capable d'être excité par des courants ayant des longueurs d'onde variant de 0 m. 60 à 5 m., approximativement : bande dans laquelle s'inscrivent les ondes émises par le cerveau.

Après les instruments d'amplification, le courant, grâce à des petits câbles mis sous plomb, atteint un galvanomètre à corde posé dans une chambre noire, et relié à un appareil d'enregistrement photographique. Cet enregistrement se fait par un mince fil métallique tendu entre les pôles d'un aimant en fer à cheval. Un courant oscillé et ondulatoire parcourt ce fil dans un champ magnétique et entretient sa vibration dont l'ombre, grâce à une forte lentille cylindrique, est recueillie sous forme de points sur film qui se déroule dans la chambre noire.

Tandis que le patient est en repos mental, l'ombre est rectiligne sur le film ; mais dès qu'on demande au sujet de penser fortement soit à un objet, soit à une personne, soit à un événement agréable ou ennuyeux, et que son activité mentale est déclenchée, les ondes cérébrales atteignant l'antenne, amplifiées ensuite par le dispositif prévu à cet effet, et recueillies par l'appareil photographique, marquent sur le film des ondulations serrées, soit en corolle, soit en fuseau, *suivant la nature de ce qui est pensé par le sujet.* Ainsi donc la preuve est faite que la pensée provoque dans l'organisme vivant des modifications ondulatoires d'ordre électrique, nullement imaginaires, mais au contraire décelables par les procédés les plus sûrs de la physique actuelle.

Les émanations digitales ont été mises physiquement en évidence par divers appareils : magnétomètre de Fortin, appareils des docteurs Baréty et Baraduc, Sténomètre de Joirre (1904), mais l'instrument le plus perfectionné qui a été présenté pour cette démonstration est, sans contredit, l'Appareil de Müller, ingénieur et directeur de l'Institut « Salus », à Zurich.

De nombreuses expériences faites en France par l'ingénieur Givelet avec cet instrument n'ont laissé aucun doute sur la réalité des émanations ainsi constatées. Voici, pour la mesure de cette radiation, comment l'expérimentation a eu lieu, d'après le docteur A. Leprince (1) :

« Dans le circuit d'un galvanomètre de haute sensibilité, il intercale une batterie d'une centaine de volts, et ce qu'il appelle un « indicateur », c'est-à-dire un espace isolant formé par exemple, de deux lames métalliques parallèles, longues de quelques centimètres et séparées l'une de l'autre par deux ou trois dixièmes de millimètre. L'approche de la main de cet indicateur fait dévier le galvanomètre, même si on a eu soin d'interposer entre la main et l'indicateur certains écrans. (Toutes les précautions furent prises pour éviter qu'on puisse attribuer l'action de la main soit à l'humidité, soit à la chaleur, soit à une électrisation superficielle de la peau, soit à un effet de capacité, etc... (2).

« Voici comment E. K. Müller définit ce fluide dans son étude intitulée « Démonstration objective et électrique de l'existence d'une émanation du corps humain vivant et effets visibles de cette émanation. » :

1° Il existe dans le corps humain, une forme d'énergie qui sort du corps avec la respiration, qui s'échappe particulièrement sous forme d'émanation, de la partie inférieure

---

(1) *Le Pouvoir Mystérieux des Guérisseurs*, Dangles, éditeur, Paris.
(2) Note de M. Chouteau.

de l'extrémité des doigts, et qui exerce des effets semblables à ceux de la radio-activité.

2° Cette énergie provient vraisemblablement d'une émanation du sang.

3° L'intensité de cette émanation dépend de la quantité de sang qui se trouve au voisinage des parties du corps susceptibles de rayonner.

.. ..

7° L'émanation peut être transmise pour un temps assez court, à divers matériaux : bois, ébonite, cire de bougie, fils de cuivre isolés, étoffes de coton spongieuses, etc...

8° Cette émanation traverse des substances organiques et inorganiques, par exemple : des peaux d'animaux, des gants, du collodion, de la gélatine, du papier, du mica, du verre, etc...

9° Elle traverse le papier paraffiné mince, mais non les couches de paraffine de quelque épaisseur.

10° L'émanation manifeste sa présence par l'augmentation de conductibilité électrique de matières isolantes (air, soie, mica, etc.). Les propriétés isolantes de ces corps se trouvent alors diminuées. Le matériel isolant devient conducteur de l'électricité.

11° Il semble que l'émanation exerce une certaine influence sur les fluides et sur les électrolytes... »

« L'émanation humaine produit une ionisation très marquée de l'air et facilite ainsi la production d'étincelles électriques », ajoute encore le Docteur A. Leprince.

Quelle est au juste la nature de cette émanation ? L'ingénieur Müller lui-même croit qu'elle n'est pas assimilable à l'énergie électrique connue ; il l'appelle pour son compte l' « anthropoflux », mais divers autres noms lui ont été donnés qui ne se basent que sur des hypothèses, et n'apportent aucune lumière sur son essence : *force magnétique, force animique, force neurique, radiations humaines, atmosphère humaine, ondes nerveuses, aura, force vitale, force psychique, Od, effluves odiques, fluide vital, rayons V, N, X, émanations magnétiques, etc., etc...*

Certains, comme M. Raoul Montandon, qui ont du penchant pour la métapsychie et l'occultisme, veulent établir une analogie entre cette « émanation et une forme d'énergie qui, d'après eux, se manifeste dans toute une catégorie de phénomènes de la métapsychie objective : typtologie, télékinésies, apports, matérialisations ». C'est un domaine où nous nous refusons à pénétrer, et cela n'a nulle importance pour ce qui nous concerne. L'émanation humaine a une existence contrôlée scientifiquement, c'est pour nous l'essentiel. Ce sera l'œuvre des futurs physiciens d'en découvrir la nature.

CHAPITRE DEUXIÈME

LES FORCES SUBJECTIVES DE LA RADIESTHÉSIE OU LA PERCEPTION HUMAINE

C'est ici que nous trouvons, dans la littérature radiesthésique, les conceptions les plus diamétralement opposées.
Il y a d'une part la *théorie matérialiste* qui ne veut admettre, comme sujet-détecteur, que l'*homme-organique*, et qui rejette avec dédain et même avec horreur, toute intervention mentale dans les recherches à la baguette ou au pendule. Le pionnier de cette conception, celui qui la défend avec le plus d'intransigeance, est, je crois bien, M. Henri Mager. N'a-t-il pas écrit, en effet, dans tous ses traités sur la Radio-Physique, édités chez Dunod, que toute méthode de prospection mise sous la dépendance de la pensée et de l'intention est suspecte ? Pour lui, le corps humain est seul intéressé et joue uniquement dans la prospection le rôle d'un support de baguette, conducteur entre l'électricité atmosphérique et l'électricité tellurique.
A l'opposé de celle-ci, nous trouvons les *théories idéalistes* qui n'admettent guère en détection que l'*homme mental*, l'homme organique ne représentant pour eux qu'un support du psychisme, sans importance primordiale. Nous ne croyons pas altérer la vérité, en désignant M. Emile Christophe, d'Orléans, comme l'un des plus éminents promoteurs et défenseurs de cette doctrine qui compte des partisans chaque jour plus nombreux. Ne lisons-nous pas, aux pages 90 et 91 de son beau livre *Tu seras sourcier* (1) : « De même

---

(1) Chez l'auteur, 85, rue des Murlins, Orléans (Loiret).

qu'un poste de T.S.F. peut recevoir des ondes de longueurs différente, à *condition d'un accord préalable avec le poste émetteur,* de même le sourcier, par une orientation mentale, *peut diriger son esprit* (1) vers la perception d'une vibration cherchée ou vers des indications précises quantitatives ou qualitatives : profondeur, volume, débit, vitesse, efficacité, par rapport à une radiation donnée... Quant à expliquer comment une personne peut fournir exactement et instantanément le débit d'une source cachée, alors que cette même personne serait bien incapable, livrée à ses propres moyens, de donner les mêmes indications pour un cours d'eau apparent, concluons que ces facultés prodigieuses, qui dépassent notre entendement, *sont l'apanage de l'Esprit* (1) ».

D'après cette théorie, le radiesthésiste pourrait s'appliquer à lui-même les deux beaux vers de Valéry :

« J'ai de mes bras épais environné mes tempes
« Et longtemps de mon âme attendu les éclairs... »

Comme on le voit, le fossé est d'importance, qui sépare les partisans d'une radiesthésie corporelle, et ceux d'une radiesthésie spirituelle. Entre ces extrêmes, des praticiens, comme le Vicomte Henri de France, soucieux de maintenir le contact entre ces divergences, veulent bien admettre la possibilité pratique des deux thèses, en faisant de la première la *Radiesthésie Physique,* et de la seconde la *Radiesthésie Mentale.*

A mon avis, ce désir, cet esprit de conciliation qui crée une sorte d'état amphibie de la détection radiesthésique, est plus dangereux qu'utile, car il ne répond pas à la réalité. Pour nous, après des années d'étude, d'observations répétées des faits sur nous et sur beaucoup d'autres sourciers, après de nombreuses déclarations de collègues dont la sincérité est d'autant plus certaine, qu'ils ne professaient aucune idée préconçue sur la question, et qu'ils n'y avaient même probablement jamais pensé, après de longues et diverses lectures des œuvres des savants qui se sont penchés sur le problème humain, nous sommes arrivés à nous former une opinion que nous croyons juste, et que nous désirons livrer à l'appréciation de nos lecteurs.

Cette opinion, nous la résumons comme suit :

— Les organes physiques de l'homme, pris isolément, ne permettent pas la détection radiesthésique.

---

(1) C'est moi qui souligne.

— L'esprit humain, pris isolément, ne la permet pas non plus.

— Seul la permet *l'homme tout entier,* composé inséparablement d'un esprit et d'un corps, comme l'eau est composée inséparablement de H²O.

Si on dissocie O de H², il n'y a plus d'eau ; si on dissocie l'esprit humain du corps humain, il n'y a plus de récepteur humain.

Pour nous radiesthésistes, si nous voulons préparer à notre science des lendemains féconds, nous devons reconnaître comme instrument de perception la personne humaine totale, sans vouloir arbitrairement diviser son être physiologique de son être spirituel. « Le caractère qui distingue le mieux l'être vivant, écrit le Docteur Biot (1), est de ne pouvoir se diviser réellement en parties. Ce n'est que par une vue de l'esprit que l'on peut considérer à part une fonction, puis une autre... L'homme, tout autant qu'il vit biologiquement, pense, sent, veut, désire, agit. Les phénomènes organiques et les activités immatérielles constituent-ils deux mondes à part, indépendants l'un de l'autre ? Ou bien entrent-ils en composition et dans quelle mesure ? Par quels mécanismes ? Telles sont les questions qui se posent maintenant. »

A ces questions, apportons tout d'abord la réponse du R. P. Sertillanges, tirée de son « Saint Thomas » (2) : « Ni l'âme ne meut le corps, ni le corps ne meut l'âme, sans collaboration de ce qui est mu, sans réciprocité d'influence. L'âme meut le corps puisqu'elle **est**, en tant qu'idée évolutive, le principe directeur ou **déterminant** de toute l'action vitale. Mais l'âme ne meut pas le corps sans le corps, puisque sa réalité, en tant que forme du corps, inclut le corps ; puisqu'elle est idée incarnée et ne peut agir que par les organes.

« L'âme meut le corps et le corps meut aussi l'âme, puisque tout changement du corps est un changement du composé animé (3) et impose à l'idée évolutive des conditions nouvelles qui en particularisent l'influence. Au fond, les deux propositions analytiques : l'âme meut le corps, le corps meut l'âme, trouvent leur signification vraie en celle-ci : le corps animé se meut lui-même. »

---

(1) *Le corps et l'âme,* collection *Présences.* Plon, éditeur, Paris.
(2) Paris, Alcan.
(3) Admirable expression.

D'ailleurs, ce mot de Claude Bernard ne semble-t-il pas renforcer en quelque sorte la pensée du philosophe chrétien : « La force vitale dirige des phénomènes qu'elle ne produit pas, les agents physiques produisent des phénomènes qu'ils ne dirigent pas. »

« Ainsi, dit le Docteur Biot — qui, je m'empresse d'en avertir mes lecteurs, n'est pas radiesthésiste, — tout ce qui paraît se passer dans le corps est toujours et immédiatement réalisé par l'unité humaine, corps animé, âme incarnée, et rien ne peut sembler se produire dans l'esprit, sans être toujours et immédiatement réalisé par le composé humain. »

« Il n'y a rien en l'homme qui soit purement physique. Tant qu'une énergie est exclusivement physique, tant que l'analyse physique d'une énergie en rend entièrement compte, c'est qu'elle n'est pas dans l'homme, c'est qu'elle lui reste encore étrangère. »

Aussi faisant nôtre, en la transposant, la conclusion de l'auteur de cette citation, je prétends qu'il n'y a pas à proprement parler de répercussion du mental sur le physique ou du physique sur le mental, dans les modifications qui s'accomplissent en nous sous l'action de rayonnements. Nous nous trouvons devant une réaction *vivante*, à la fois complexe et unique, c'est-à-dire humaine, intéressant tout notre *composé animé* inséparablement et sans préférence.

Et c'est par l'intermédiaire de ce « composé animé » que notre être prend contact avec le monde tout entier, qu'il soit du domaine physique, physiologique ou mental. Aussi pensons-nous que la perception radiesthésique et l'émission humaine également, utilisent la personne humaine dans sa parfaite unité : ni corps d'une part, ni esprit seulement de l'autre, mais les deux à la fois et intimement mêlés.

Le sourcier qui recherche de l'eau dans le sous-sol, ou des déficiences organiques sur un sujet, n'est pas un simple support physique et ambulant du pendule ou de la baguette comme le prétend Henri Mager ; il n'est pas non plus un esprit qui perçoit, promené par son corps, devenu un simple véhicule, *mais il est un être complet qui doit faire une place égale aux faits intérieurs de sa subconscience alertée, et à la relation qui s'établit entre eux et les réponses motrices qu'il fournit aux provocations du milieu physique extérieur.*

J'entends la réponse immédiate : dans ces conditions, la radiesthésie ne sera jamais scientifique, mais je tiens à verser immédiatement au débat la phrase du Docteur Alexis

Carrel, d'ailleurs citée de mémoire, dans *L'Homme, cet inconnu,* et qui rend ma position parfaitement défendable :
« Les domaines de la science, dit-il, débordent singulièrement le domaine des faits qui peuvent s'inclure dans la noble rigueur d'une formule mathématique. »

Que la science radiesthésique ne soit pas une science purement physique, que le fait radiesthésique ne puisse pas être dressé à entrer dans le laboratoire des physiciens, je suis le premier à en convenir et même à le proclamer, puisqu'il contient le facteur humain, et que devant ce facteur, « ce n'est que par des approximations assez lointaines que la science a pu dégager des lois générales (1). Elles expriment des moyennes, elles délimitent des bornes au delà desquelles la vie ne se soutient pas, mais la réalité qu'elles recouvrent échappe à une détermination rigoureuse. »

« L'impression, la sensation, dit William James, n'augmente pas ou ne diminue pas de parties déterminées d'elle-même prises comme unités, comme augmentent ou diminuent un nombre, un agrégat, une étendue : en augmentant ou en diminuant, elle se transforme en d'autres sensations incomparables mathématiquement avec ce qu'elle était au début. »

Ceux donc qui se borneront à étudier chez l'homme des réactions chimiques, des déterminations physiques, pourront peut-être nous fournir des formules mathématiques ; mais elles seront étrangères à l'homme vrai « ondoyant et divers » et par conséquent, elles ne présenteront jamais un intérêt quelconque pour les radiesthésistes que nous sommes.

Après avoir ainsi affirmé notre position sur la réceptivité ni strictement organique, ni strictement mentale, mais humaine, il nous reste à voir ensemble les faits qui la corroborent et les conséquences qui découlent de cette thèse dans le domaine théorique et pratique.

En premier lieu, ce qu'il faut prouver avant toute autre chose, c'est que l'être humain reçoit bien les ondes, on admet volontiers, tant l'expérience quotidienne le démontre, que nous sommes sensibles aux brusques changements du champ magnétique dans lequel nous vivons (un orage en préparation nous indispose plus ou moins), à de minimes fluctuations de la pesanteur, à la plus ou moins grande humidité atmosphérique, aux évolutions thermiques même peu

---

(1) *Le corps et l'âme.* Dr R. Biot.

accentuées de l'ambiance. Mais il ne tombe pas immédiatement sous le sens, que nous soyons des récepteurs d'onde électro-magnétique. Je vous invite donc tout simplement, pour vous en convaincre, à retirer l'antenne de votre appareil de T.S.F. tandis que Radio-Paris ou tout autre poste émetteur en grandes, moyennes ou petites ondes, vous transmet soit musique, soit chant, soit discours. Immédiatement l'audition cesse, votre poste est isolé et ne donne plus. Posez alors votre index sur la matrice d'antenne du poste et, aussi pure, aussi intense que précédemment, reprendra l'audition. Il n'y a pas à se méprendre sur la valeur de cette constatation : il est désormais prouvé que nous sommes une *antenne vivante* et que notre être, à la fois récepteur et émetteur, est traversé, sans que nous nous en doutions, par une multitude de rayonnements. Car ne l'oublions pas, dans le même instant où votre index, joint à votre poste, vous permet d'entendre Radio-Paris, les ondes de Radio-Rome, de Radio-Moscou, de Radio-Genève, de Radio-Vatican, etc..., si ces postes émettent ensemble, vous parcourent également.

Pour s'en persuader, d'ailleurs, il n'est que de tourner le bouton de réglage.

Nous pouvons affirmer encore, plus empiriquement, il est vrai, mais avec autant de vérité, que dans les mêmes instants toutes les ondes naturelles et artificielles de l'univers nous parcourent. Chaque homme, chaque être vivant est un collecteur de *tout* ce qui rayonne à dix mètres comme à des centaines de lieues, des milliers d'objets rayonnent, ce sont donc des milliers de courants divers qui se superposent en nous ; mais leurs effets ne se totalisent pas pour former un courant plus intense, ils s'ajoutent seulement algébriquement pour créer une résultante, d'où il faudra sélectionner l'onde qui nous intéresse. Ici, une observation immédiate s'impose, d'une importance incalculable pour l'établissement des données qui viendront plus loin : si on place à la borne d'antenne d'un poste de T. S. F. en fonctionnement, l'index d'une personne endormie, soit naturellement, soit artificiellement, l'intensité de l'émission décroît sensiblement et peut même devenir presque nulle. Qui ne voit dans ce phénomène une magnifique illustration de ce que nous avons affirmé précédemment ? Le sommeil retirant à l'homme l'usage de sa raison et assoupissant son système nerveux, brise en quelque sorte son équilibre psycho-physique, mutile momentanément son unité (corps et âme) par l'engourdissement de l'esprit et la prédominance de la matière, et voici qu'aussitôt ce fait provoque une notable diminution de l'intensité dans la perception inconsciente des ondes. Nous ne parlons pas ici, à dessein, de la sélection, qui se fait, dans l'exemple donné, par l'appareil de T.S.F. lui-même.

On peut donc déjà poser deux faits comme certains : l'homme, à l'état naturel de veille, est une parfaite *antenne vivante et pensante.*

L'homme, dans l'engourdissement psychique du sommeil, demeure encore une antenne vivante, mais sensiblement amoindrie. Ce qui démontre bien la nécessité, pour obtenir une réception parfaite, des deux facteurs : corps et esprit, et ceci, comme je l'ai déjà dit : inséparablement.

Je répète le mot : *inséparablement,* afin qu'aucune confusion ne vienne à l'esprit du lecteur à partir du moment où pour la commodité de l'analyse de chacun de ces deux facteurs, nous allons les séparer « par une simple vue de l'esprit ».

LA PERCEPTION ORGANIQUE

Aucune certitude absolue ne nous est présentée jusqu'à présent sur le mécanisme complet de cette perception. Elle est un fait qui n'est pas contestable, et voilà tout. Nous allons passer en revue, ici, les hypothèses qui nous paraissent les plus vraisemblables, les plus séduisantes ou simplement les plus représentatives de l'opinion moyenne.

Dans un livre très attrayant et qui a pour titre: « L'onde... énergie gratuite (1) », après avoir tenté de nous expliquer que toute onde, d'après lui, se résume en une pulsation calorique, l'auteur, M. Dard, au chapitre *Les Sourciers*, nous propose l'explication suivante du phénomène :

« Il ressort de ce travail, écrit-il, qu'il y a synchronisme calorique entre ce que l'on appelle à la surface de la terre « la matière » solide, liquide, gazeuse, animée ou inanimée, matière que nous avons vue soumise à l'effet mécanique de la pulsation.

« On ne peut donc s'étonner de rencontrer des organismes animaux tout particulièrement sensibles aux effets d'ondes, soit par un développement exceptionnel de leur ensemble détecteur (les félins notamment, électrisation au contact de leur système détecteur pileux), soit par une faculté toute spéciale d'absorption du carbone, ou par une plus grande proportion de carbone et d'oxygène dans « leur masse ».

« Chez l'homme, certains sujets subissent des effets qualifiés d'anormaux soit par leur optimum ou minimum de résistance à l'électrocution, soit par leur extrême sensibilité aux inductions de l'ambiance.

« Les phénomènes que l'on constate ainsi sont des résultats d'effets caloriques par échanges entre individus, ou entre individus et des masses.

« L'homme-sourcier est un supra-détecteur de pulsations caloriques de par sa nature physique. Il doit pouvoir... servir d'intermédiaire solénoïde entre les masses supports de carbone dans son ambiance.

---

(1) Etienne Chiron, éditeur, Paris.

« Pour reconnaître scientifiquement la particularité physique du sourcier et pour fixer par chiffres et formules la valeur détectrice et émettrice de chacun d'eux, il faudrait... placer le corps de chaque sourcier dans la cage de Faraday, ce qui, sous des effets de très hautes fréquences, donnera lieu à des constatations densimétriques de toute certitude sur sa faculté d'absorption, de stabilisation et de translation de l'onde. »

J'ignore, personnellement, si pareille expérience de d'Arsonvalisation a été tentée. Je ne le crois pas. Elle mériterait cependant de l'être. Peut-être permettrait-elle de reconnaître scientifiquement l'étalonnage de sensitivité nécessaire à la profession de radiesthésiste.

M. Dard continue son exposé dans ces termes : « L'homme sourcier sert de support calorique entre « la terre, masse hydraulique, ixion de carbone en dilution », et l'ambiance d'ixion de l'éther, et cet ensemble — homme et baguette (ou pendule) — est un solénoïde en assimilation physique totale, synthétique, avec le solénoïde dont nous avons reconnu la nature précédemment... » (1).

Puis l'auteur étudie les différentes positions mécaniques nécessaires, d'après lui, à la perception sourcière :

« L'homme sourcier est immobile, aucune réaction visible ou très faible réaction.

« Il se déplace sur le sol très sec, sous lui ne se trouve ni masses cristallographiques minérales, ni eau,... ni l'ensemble d'un corps animé où une partie se trouve en état d'excès ou de déficience de température, dans lequel le synchronisme calorique subit une interférence. Le sourcier ne peut fermer le circuit et l'onde calorique parcourt son instrument sans réaction, soit dans l'immobilité, soit dans la translation.

« Le sourcier étant sur un sol sec avec un sous-sol dans lequel se localisent des masses d'hydrogène stagnantes ou en mouvement et pleine lumière solaire, ou ayant sous lui l'ensemble d'un corps animé où une partie se trouve en état d'excès ou de déficience de température, l'onde traversera.

« Le sourcier, admet-il, sera *influencé, inducté* soit par l'eau soit par masses minérales, soit par l'interférence intervenant dans le synchronisme calorique d'un corps animé ; car « les deux sont des milieux **carbone atomique, ainsi que les** masses houillères et les hydrocarbures ».

---
(1) Pour la compréhension parfaite de cette citation, lire le beau livre : *L'onde... Energie gratuite.*

Et M. Dard de conclure : « Si on admet que les ondes sont émises ou absorbées par « certains corps », on ne peut plus nier le caractère scientifique de recherches, de prospections, qui doivent avoir à leur base, d'abord la bonne foi, puis la réelle sensibilité du détecteur, et enfin l'habitude de ce genre d'opération ».

Pour M. Paul Serre, dans *La Vérité sur la Radiesthésie* déjà citée, l'homme est doté d'un sens radiesthésique, ce sens se distingue surtout par l'universalité de ses perceptions, parce qu'il est sensible à toutes les perturbations du milieu ambiant, qu'il constitue en somme un sens généralisé, ou, si l'on préfère, un sens non spécialisé... »

Il nous rappelle en effet que « toutes les ondes, depuis les ondes extra-courtes de Millikan, inférieures aux dix-millionièmes de millimètre jusqu'aux grandes ondes de T.S.F. qui atteignent plusieurs kilomètres, ne diffèrent entre elles que par la longueur et la fréquence... La spécialisation de nos sens ne résulte donc pas, continue-t-il, d'une différence fondamentale entre les causes auxquelles ils sont adaptés, mais tout simplement de ce que leur accord ne peut dépasser certaines limites supérieures et inférieures. L'être primitif, qui n'a pas de sens spécialisés, perçoit sans doute sous une même forme, la lumière, le son, la chaleur, l'électricité. Puis peu à peu, chaque groupe de cellules nerveuses a limité son travail à une gamme déterminée. « Mais puisque le sens radiesthésique semble enregistrer toutes les ondes, ce sera, d'après Paul Serre, en utilisant parmi les cellules nerveuses « les moins perfectionnées d'entre elles, les plus grossières et les plus semblables à la terminaison nerveuse de l'animal primitif : d'abord parce que, plus près de son origine, elle aura probablement gardé, à l'état plus ou moins latent, les caractères de non spécialisation qu'elle doit à cette origine, ensuite parce que moins une substance a de forme précise, plus facilement on la pétrit pour lui donner celle que l'on veut... Il n'est donc pas étonnant de constater que chez les radiesthésistes, ce sont principalement les organes les plus grossiers, *ceux du toucher,* qui interviennent de façon normale pour la perception de toutes ces forces différentes ». Et pour ceux qui objecteraient qu'il est absurde de prétendre que l'on puisse généraliser un de nos sens, M. Paul Serre répond « que les perceptions musicales d'un nègre de l'Afrique Centrale doivent être aussi éloignées de celles d'un Paderewski, que la sensation du toucher de celle de la réaction rabdique. Pour passer de l'une à l'autre, le moyen est le même : l'éducation ».

Dans *Baguette et Pendule, fiction et réalité* (1), livre généralement trop sévère, mais qui dit quelques vérités à ceux qui ont une trop grande suffisance, M. Henri Gachot nous propose l'explication suivante de la réceptivité sourcière : « Les travaux du *Docteur Shorer* et du *Docteur Hamel* mettent clairement en évidence la façon dont les ions, agissant sur la respiration du sourcier, pourraient déterminer un mouvement inconscient et synchronisé des muscles et de la baguette. Les recherches des *Huber* et *Albrecht* nous expliqueraient pourquoi certaines personnes seulement possèdent une sensibilité radiesthésique spéciale. En résumé, nous pourrions dire que : « La plus forte radioactivité des failles, des filons, des minerais, des sources de pétrole ou d'eau, la meilleure conductibilité de l'air au-dessus des « zones d'influence » et des artères d'eau seraient autant de témoins de la présence d'ions au-dessus de toutes les substances ou terrains rabdomanciens. A la suite de la charge électrique négative de la terre, il est permis d'admettre que l'ionisation négative y prédomine. Par la respiration, les ions négatifs pénètrent dans les poumons, influençant le système des muscles respiratoires et, par reflexe, les muscles des bras et des mains... Dans cette hypothèse, de nombreuses particularités du phénomène sourcier trouvent une explication satisfaisante. Beaucoup de sourciers ne peuvent travailler pendant un orage ou pendant que le vent souffle, car l'air est alors partout ionisé. » (2).

M. H. Gachot, avec une prudence louable, signale ensuite que la preuve manque que chaque réaction rabdomancienne soit causée par des ions. Il laisse ainsi la porte ouverte pour d'autres explications de la sensibilité sourcière organique.

Parmi ces autres explications, nous ne pouvons pas passer sous silence celle que nous fournit M. Léon Joly, dans *Radiotellurie et Radiesthésie devant la science* (3).

« L'organisme de l'homme, dit-il, est un vaste appareil de galvanoplastie ». Il nous montre que *notre digestion*, par ses combinaisons chimiques variées, par la circulation, la

---

(1) Vigot frères, éditeurs.
(2) Ceci est parfaitement exact.
(3) Lang, éditeur, 30, rue du Poteau, Paris.

sortie, l'emmagasinement d'éléments nutritifs, « par échanges osmotiques, par mouvements musculaires et viscéraux », produit de l'électricité ou de l'énergie, terme plus général.

« *Notre circulation sanguine,* dit-il encore, et *lymphatique,* produit aussi, par son mouvement perpétuel, de l'électricité... notre respiration par l'absorption d'oxygène pris à l'air... par l'exhalaison de l'acide carbonique, produit des déchets de nos combustions intérieures, par le jeu alternatif des muscles respirateurs et aspirateurs... notre *système locomoteur,* par les contractions successives de nos divers muscles... »

Tout cet ensemble, ajoute-t-il, « étant une véritable cornue en mouvement perpétuel, est donc aussi une source inépuisable d'énergie, partant d'électricité.

« Puisque nous produisons continuellement de l'électricité... n'est-il pas nécessaire, puisque « rien ne se perd, rien ne se crée, tout se transforme », que cette énergie chemine, s'emmagasine quelque part et se transforme suivant les besoins de l'organisme ou les caprices de l'intelligence, de la sensibilité et de la volonté ?

« C'est, dit-il, le rôle du système nerveux de conduire et de transformer l'énergie produite par nos différentes fonctions organiques, conscientes ou inconscientes. »

Il passe en revue ensuite les principaux centres nerveux : *les deux hémisphères cérébraux* (fonctions psychiques, sensitives et motrices conscientes), *le cervelet* (coordination des mouvements), *les pédoncules cérébraux* (bobines de transformation ou d'amplification), *la protubérance annulaire et le bulbe rachidien* (mouvement du cœur, de la respiration, de la digestion, etc..., réflexes d'origine émotionnelle et peut-être des réflexes sourciers), *la moelle épinière, les ganglions du grand sympathique et le bulbe* (centre des mouvements réflexes des nerfs moteurs) ; puis il nous fait voir que, grâce à ce système nerveux, « cette énergie est toujours prête à réagir au moindre appel de la volonté ou du besoin physiologique, et à se transformer en perceptions lumineuses, acoustiques, etc..., toujours capable de se transformer en tous les phénomènes physiologiques ou psychiques suivant les besoins et les désirs de l'organisme.

« Ce potentiel atteint son maximum, le surplus d'énergie doit s'écouler dans le sol, en vertu de la loi de l'électro-magnétisme. De même, en cas de diminution excessive de ce potentiel, n'est-il pas logique d'admettre que la terre puisse, dans une certaine mesure et dans certaines conditions, céder un peu de son électricité à notre organisme ? Le sol étant d'une façon presque totale de nature électrique négative (sauf au niveau des lignes telluriques), il s'ensuit, au moment de la pose de notre pied positif sur le sol, un écoulement d'électricité ou de rayonnement du potentiel le plus élevé à celui qui l'est le moins, courant de radiation à très petit débit... Des phénomènes physiques et physiologiques obligatoires doivent d'ailleurs se passer chaque fois que, dans la marche, notre pied positif se pose sur la terre négative, ou que notre pied négatif se pose sur la terre radiant positivement. En vertu de la loi physique universellement reconnue : « toutes les électricités de sens contraire s'attirent et tendent à se pénétrer », ce serait, conclut l'auteur, un non-sens si aucun phénomène physique ne se produisait dans les conditions précitées ».

J'ai tenu à citer ici l'hypothèse rapportée par M. L. Joly et qui, selon lui, serait due au Docteur Moineau, célèbre radiesthésiste, bien qu'elle ne m'apparaisse que partiellement admissible. Je ne puis souscrire, en effet, à la théorie qu'elle exprime, d'un pied positif et d'un pied négatif, chez les humains, parce que l'expérimentation physique paraît prouver le contraire. Le Docteur Leprince et M. Abel Martin, vétérinaire pendulisant, soucieux de vérifier si vraiment, comme l'indique formellement un trop grand nombre de Traités, le côté droit est positif et le côté gauche négatif chez l'homme et inversement chez la femme, se sont livrés séparément à des expériences diverses :

« Cette question controversée méritait un examen approfondi, dit le Docteur Leprince dans sa *Radiesthésie Médicale* (1). Un microampèremètre, appareil mesurant des millièmes de milliampère, est relié par ses deux bornes à deux électrodes constitués par des plaques de métaux différents et plongeant dans deux verres d'eau séparés.

« Si l'on plonge les index des deux mains, chacun dans un verre, un courant s'établit, le corps humain servant d'électrolyte et l'aiguille dévie de gauche à droite. Intervertissons les deux doigts, et plongeons dans le verre de droite le doigt qui était dans le verre de gauche et réciproquement. S'il existe vraiment une polarité positive pour le côté droit et négative pour le côté gauche, l'aiguille de l'instrument *devra* se mouvoir de droite à gauche après l'interversion des doigts. Or, il n'en est rien, et qu'il s'agisse d'un homme,

---

(1) A. Legrand, éditeur, Paris.

d'une femme, d'un enfant, le sens de déviation de l'aiguille est toujours le même. Seul le changement des électrodes aux bornes du microampèremètre est capable de provoquer la déviation inverse. C'est donc le métal qui fait la polarité et non l'individu. »

Si le Docteur Leprince ne s'était contenté que de cette expérience, même répétée des centaines de fois sur des sujets différents, je dois avouer que ma conviction n'aurait pas été absolument entraînée, car pour ma part, je me serais demandé (je me suis même réellement demandé) si l'électrode positive métallique, fournissant la polarité du courant observé, quelle que soit la main qui la tienne, ne donnait pas cette polarité, par une puissance nettement plus grande que la polarité humaine, empêchant ainsi cette dernière de se manifester sans qu'on soit en droit, pour cela, d'en nier l'existence. Le Docteur Leprince a dû probablement se faire la même objection, car il a renouvelé l'expérience dans d'autres conditions : il a simplement relié à la terre un des pôles du microampèremètre, puis ensuite il a fait prendre contact avec l'autre pôle, la main droite et la main gauche de nombreux sujets, hommes, enfants, femmes. La *déviation* de l'aiguille a toujours été positive.

Cette expérience me paraît plus probante que la première et met du moins en échec la théorie de M Léon Joly. J'ai pour ma part repris l'expérience, afin de ne laisser aucune particularité dans l'ombre, avec pieds droits et pieds gauches, mis successivement en contact avec une des bornes d'un microampèremètre d'une sensibilité remarquable (déviation d'aiguille de 70° pour 1/150° de millimicroampère) tandis que l'autre borne était reliée à la terre. Je n'ai jamais obtenu d'inversion dans la polarité marquée initialement par l'aiguille, en changeant de pied ou de main pour prendre contact, ni en terre neutre, ni à la verticale de courants souterrains. Je n'ai jamais non plus, dans les mêmes conditions, remarqué une plus ou moins grande déviation de l'aiguille dans le cadre de sa polarité initiale, selon qu'un membre droit ou un membre gauche était en contact avec une des bornes ; or, si l'hypothèse de Léon Joly était juste, un des deux phénomènes au moins ne manquerait pas de se produire.

Le Comte de Marsay, dans *Electricité, Magnétisme, Radiesthésie* (1), nous raconte de son côté, ses observations

---

(1) Maison de la Radiesthésie, 16, rue Saint-Roch, Paris.

sur la polarité humaine, faites en compagnie d'ingénieurs d'une grande fabrique d'appareils électriques de précision : « Nous constatâmes aussitôt que, lorsque l'un d'entre nous prenait dans ses mains deux électrodes reliées aux bornes de l'appareil, l'aiguille du cadran marquait le passage d'un courant de 3 ou 4 microampères. Je crus d'abord que cela démontrait d'une manière physique indiscutable l'existence d'une polarité électrique humaine. Mais d'expériences en expériences, nous constatâmes que le courant se produisait lorsque les contacts des électrodes avec nos corps étaient pris d'un même côté et même avec deux doigts différents de la même main. Après discussion et nouveaux essais, les ingénieurs qui avaient bien voulu me prêter leur concours, conclurent qu'on devait se trouver en présence d'un phénomène de pile thermo-électrique constituée par le contact des électrodes métalliques avec notre peau. »

J'ai voulu aller plus loin dans l'étude de cette problématique bi-polarité humaine, et, grâce au merveilleux appareil de mesure que je possède, j'ai fait moi-même les expériences suivantes :

Première expérience : Si entre les membres droits et les membres gauches d'un être humain, il y a une différence de polarité électrique, le fait de poser la main droite sur une borne et la main gauche sur l'autre borne du microampèremètre, sans l'intermédiaire d'électrode en métaux différents, doit créer dans le circuit un courant électrique dont *l'intensité* sera révélée par l'importance de la déviation de l'aiguille de mesure et le *sens* ou la *polarisation* de ce courant par la direction prise par l'aiguille en déviant soit à droite, soit à gauche de son point neutre médian. Or, plus de soixante expériences faites sur hommes, femmes, enfants, n'ont jamais réussi à faire dévier, aussi peu que ce soit, l'aiguille du microampèremètre. Tous, nous n'avons pu que constater sa parfaite et totale immobilité.

Deuxième expérience : a) Main droite d'un homme à une borne, main gauche d'une femme à l'autre borne, main gauche de l'homme réunie à la main droite de la femme : aucun résultat sur 40 expériences.

b) Main droite de l'homme à une borne, main droite de la femme à l'autre borne, les deux mains gauches réunies pour former le circuit : aucun résultat sur plus de quarante expériences.

De tout ce qui précède, on est en droit de conclure avec

le Comte de Marsay, qu' « une polarité électrique consistant en une différence de potentiel entre les deux côtés du corps, est indémontrable avec les instruments les plus perfectionnés » et conçus pour cet usage.

Cependant, si la polarité électrique ne paraît plus admissible, certains veulent admettre une polarité d'un ordre encore inconnu. Le Docteur Jules Regnault signale à l'appui de cette hypothèse les phénomènes suivants, dans *Biodynamique et Radiations* (1) :

« En approchant du pneumogastrique droit, à la région carotidienne, le pôle *positif* d'un barreau aimanté, on produit un accroissement du pouls chez l'homme et une diminution chez la femme.

« En plaçant un verre rouge devant l'un des yeux, on obtient une modification du pouls pour un des yeux chez l'homme et pour l'autre chez la femme.

« Cette polarité spéciale n'existerait pas pendant les règles et se ramènerait à celle de l'homme après la ménopause ou après ovario-hystérectomie...

« Mais, ajoute consciencieusement le Docteur Regnault, après Abrams, j'ai aussi fait des expériences sur un petit électroscope constitué par une boule de moelle de sureau suspendue par un fil de soie et chargée d'électricité, soit positive, soit négative, mais les résultats ne m'ont pas paru bien nets. »

« Il y a une dizaine d'années, Ross présenta, dans un Congrès d'ophtalmologie, les résultats de ses expériences : sur un cylindre de papier très léger revêtu d'isolant, ayant 15 centimètres de long et 5 centimètres de diamètre, il avait enroulé un solénoïde en fil de cuivre très fin, avait placé au-dessous une très petite aiguille aimantée, juste assez pour orienter le cylindre N. S. Quand celui-ci était suspendu dans une cloche de verre par un fil de cocon de soie, en regardant une extrémité du cylindre avec un œil, on devait le faire tourner dans un sens ; en regardant cette même extrémité avec l'autre œil, on devait le faire tourner dans l'autre sens. Un de mes collaborateurs et moi-même, nous nous sommes relayés pour faire de l'œil au petit appareil pendant deux heures en deux séances, et il n'a pas marché !... »

Nous devons conclure de tout cela, que s'il existe une polarité humaine d'essence inconnue, sa réalité nous paraît

---

(1) Amédée Legrand, 93, boulevard Saint-Germain, Paris.

bien précaire et bien peu démontrée. Les différences de pouls constatées ont-elles un rapport même lointain avec une polarité radiesthésique ? Rien jusqu'ici ne permet de le supposer, puisque rien ne le confirme. D'ailleurs, sur combien d'expérimentations cette modification de pouls a-t-elle été observée, et avec quel pourcentage de réussite ? C'est ce qu'on omet de nous dire.

Pour ma part, après maintes constatations, je ne crois à aucune polarité humaine *capable d'imprimer à la baguette ou au pendule des impulsions polarisées dans un sens ou dans l'autre.*

Pourtant, diront les adeptes, comment expliquer sans cela les oppositions fondamentales des mouvements instrumentaux ?

Je leur répondrai : comment au contraire expliquer par elle ces oppositions ?

« Le frère Padey, écrit Henry de France, dans ses *Souvenirs d'un Sourcier* (1), a formé beaucoup de disciples qui reproduisirent fort bien ses expériences. Je peux en dire autant pour nombre d'expériences indiquées par M. Mager, lequel a également quantité de disciples... Je me permettrai de remarquer que nos principaux sourciers ont de nombreux disciples chacun et que ces derniers n'ont pas étudié leur polarité avant d'adopter une méthode... Je me demande quel rôle peut jouer la « polarisation » dans ces cas. Il me semble qu'une grande partie des différences provient de questions d'apprentissage et d'éducation. » C'est, en effet, la seule chose raisonnable à admettre.

Voilà donc, du moins nous osons l'espérer, vidée de son prestige, une des fausses Déesses de la Radiesthésie. Nous verrons plus loin que cette Divinité n'était qu'encombrante et nullement utile.

Et pour reprendre, après cette digression nécessaire, le cours des explications fournies par la littérature radiesthésique sur la perception organique, donnons l'opinion du Comte de Marsay telle qu'il nous la rapporte dans son livre déjà cité :

« Le phénomène radiesthésique proprement dit, pense-t-il, consiste essentiellement dans les mouvements de la baguette ou du pendule engendrés par des contractions musculaires réflexes de l'opérateur lorsque son organisme est soumis à certaines influences. Les contractions musculaires sont ca-

---

(1) Librairie Agricole, 26, rue Jacob, Paris.

ractérisées par le fait qu'elles sont involontaires et inconscientes. »

« En quelque endroit que nous nous trouvions, nous sommes environnés par une multitude de rayonnements qui s'entrecroisent en tous sens et constituent une ambiance. Ce milieu n'est pas homogène, mais il est constant en un lieu donné. Par suite d'une accoutumance rapide, il n'a plus sur nous aucune action radiesthésique. Mais si, sortant de ce milieu, nous rencontrons une zone où dominent des rayonnements différents, le phénomène radiesthésique se produit. Il marque l'effort d'accommodation à un milieu nouveau... Ma conviction profonde est que, à l'origine de tout phénomène radiesthésique, il y a l'effort de notre organisme pour s'accommoder à une discontinuité, ou, ce qui revient au même, la lutte de notre organisme contre le changement (1). Les petites contractions musculaires qui marquent cet effort et que nos instruments nous révèlent, se produisent toujours et ne trompent pas. Où nous nous trompons, c'est dans notre interprétation et en cherchant la cause de la discontinuité constatée. »

Mais ces « petites contractions musculaires » existent-elles vraiment, ou ne sont-elles, elles aussi, que des « vues de l'esprit » ? N'oublions pas que certains sourciers notoires les nient catégoriquement. « Ces expérimentateurs ignorants, déclare le Docteur Leprince dans *Les Radiations Humaines* (2), ne connaissent certainement pas les expériences d'Abrams sur les réactions musculaires chez les sourciers ou veulent les ignorer. Rappelons simplement la suivante : Si l'on place une petite électrode constituée par une plaque d'aluminium sur le crâne du sourcier, et si on la relie par un fil isolé à une autre plaque placée, loin de la vue du sujet, sur de l'eau en mouvement, il se produit des contractions fibrillaires au niveau de certains muscles, et le pendule tourne ou la baguette se redresse ou s'abaisse. Ce point crânien où il faut placer la première plaque est situé sur le crâne à l'intersection d'une ligne partant du nez et d'une autre rejoignant les parties externes des deux sourcils.

« Les réactions musculaires consistent en légers tressaillements et sont visibles aux endroits indiqués.

---

(1) Ceci serait à rapprocher de la conception de Maine de Biran. D'après ce philosophe, « notre croyance au monde extérieur aurait sa source dans le sentiment de l'effort et surtout de l'effort musculaire ».

(2) A. Legrand, éditeur, Paris.

Cette expérience, je l'ai refaite moi-même dans les conditions précitées et les tressaillements musculaires se sont produits perceptibles à une observation aiguë. La répétition du même phénomène, amoindrie cependant, a été remarquée, sans dispositif spécial, en passant à la verticale d'un courant d'eau souterrain, et avec une intensité particulière en prospectant face à l'ouest, ce qui expliquerait et justifierait le conseil donné par certains auteurs de travailler face à l'ouest.

Il y a donc indéniablement des mouvements musculaires inconscients provoqués chez la personne humaine par les champs de force, et il est probable, pour ne pas dire certain, que les réflexes sont l'élément moteur qui met en branle les appareils actuels du sourcier : la baguette et le pendule ; et cet acte réflexe, comment l'expliquer si ce n'est par une influence gravifique différente de la pesanteur, due sans doute à la « pression de radiation » dont nous avons parlé au premier chapitre ?

« Les mouvements réflexes, nous enseigne la philosophie, ont *leur cause hors de nous*. Ils résultent d'une excitation transmise par les nerfs sensitifs jusqu'aux centres nerveux et *réfléchie* jusqu'aux muscles par les nerfs excito-moteurs ». Le brusque changement des potentiels, la pression de radiation seraient cette excitation extérieure.

M. Raoul Montandon, dans un livre intitulé *Des mouvements de la baguette et du pendule chez les Rhabdomanciens, essai d'une explication métapsychique du phénomène*, s'efforce de prouver, à l'aide de différents dispositifs, ingénieux d'ailleurs, que les mouvements musculaires inconscients (réflexes) ne sont pour rien dans la mobilité de ces instruments, dont il faut rechercher la cause dans l'ordre de la métapsychie.

Persuadé, au cours de ses expériences, d'avoir démontré objectivement la valeur de ses théories, M. Montandon « adressa au Docteur Osty, directeur de l'Institut métapsychique international, une note préliminaire dans laquelle était exposé l'ensemble de ses premières observations, en le priant de bien vouloir en prendre connaissance et d'examiner la possibilité de l'insérer dans la *Revue Métapsychique* ».

Le Docteur Osty, accusant réception de la note, déclarait à M. Montandon : « Si l'expérience diffusée confirme vos constatations, vous aurez apporté une très importante contribution à la question du pendule, ainsi qu'à celle de l'action du psychisme sur la matière. » On voit donc avec quelle sympathie et quel espoir le Docteur Osty accueillait ces expériences, aussi son témoignage sur les résultats obtenus est-il d'une importance exceptionnelle.

Après de multiples expériences tentées à l'Institut Métapsychique, dans les conditions de contrôle les plus sévères et les plus objectives, le Docteur Osty signale que : « les dispositifs décrits n'éliminent en rien les mouvements inconscients. Il est très facile avec ces dispositifs de mettre volontairement en mouvement, dirigé par des pulsions répétées, l'un des pendules cependant que les autres ou l'autre restent immobiles (1). Cette très aisée démonstration de l'action de mouvements volontaires insaisissables donne une preuve péremptoire que des mouvements inconscients expliquent le même résultat. En somme, nous n'avons pas une seule fois réussi à obtenir le mouvement du pendule pour une simple action mentale. Par contre, nous avons constaté que des mouvements inconscients y suffisaient largement. Voilà en toute franchise notre opinion solidement établie sur des expériences. »

Nous partageons l'opinion du Docteur Osty avec cette variante qu'en radiesthésie, au lieu que les pulsions, d'ordre extrêmement petit, qui font naître le mouvement pendulaire, soient dues à des actes de volonté, elles ne sont que des états de résonances avec des forces objectives.

Toutefois, vouloir limiter à de seuls réflexes l'action des champs de force objectifs sur le *Collecteur humain*, serait également une erreur. Des appareils physiques, permettant de mesurer la résistance du corps humain au courant électrique, ont mis en évidence que la présence de certains rayonnements, que la différence de l'ionisation atmosphérique à la verticale des courants souterrains et des failles quand le sujet passe au-dessus d'eux, modifient sa résistivité au courant électrique.

Il en serait de même, nous dit le Docteur Regnault, quand on approche du sujet, soit le pôle négatif d'un barreau aimanté, soit les extrémités digitales d'une autre personne.

Nous n'avons pas personnellement vérifié cette dernière assertion.

---

(1) Il s'agit de pendules ayant des longueurs différentes.

LA PERCEPTION MENTALE

En dehors de quelques cas isolés relevant de la névropathie (contractures douloureuses, oppression, lourdeur des membres inférieurs, visibilité d'une sorte de brouillard au-dessus des nappes d'eau souterraines), les champs de force provoquent en nous des *impressions* sans *sensation* directe.

« L'expérience nous montre que souvent l'impression a lieu sans que la sensation apparaisse, et il en est ainsi toutes les fois que cette impression est trop faible ou trop fréquemment répétée, *ou toutes les fois que l'esprit est fortement occupé ailleurs.* » (1).

Il en sera de même pour la sensation indirecte, par instruments, que nous observons en radiesthésie. Si l'esprit est fortement occupé ailleurs, l'impression risque de ne pas se transformer en sensation indirecte. Par contre, « *dès que l'attention se porte sur le sens kinesthésique et musculaire* (qui nous intéresse), il acquiert en revanche une acuité très grande, acuité qui peut même devenir merveilleuse si son éducation est particulièrement soignée. Marie Heurtin — et plusieurs aveugles lui ressemblent sur ce point — était avertie de l'approche d'un promeneur par la seule résistance de l'air qu'il déplace et qui vient effleurer son visage » (1).

Voici donc reconnu par un manuel de philosophie scolaire, le rôle de l'attention dans le développement du sens musculaire. C'est ce rôle de l'attention, que nous appelons en radiesthésie l'*Orientation mentale,* qui se trouve ainsi immédiatement et pleinement justifié et mis à l'abri de tous les qualificatifs péjoratifs qu'on lui a décernés tels que : méthode supra-normale, ou méthode suspecte.

Analysons ensemble l'orientation mentale, et pour cela faisons appel à nos souvenirs de philosophie sur l'Attention. Elle nous apparaît comme « un *arrêt momentané* dans le perpétuel défilé de sensations, de sentiments, d'images et d'idées qui constitue notre vie mentale ordinaire. *L'orga-*

---

(1) Extrait d'un cours de philosophie.

nisme lui-même participe à cet arrêt de la pensée, comme le prouvent les changements qui surviennent immédiatement dans le regard, le front, la respiration, dans l'attitude entière du corps.

« Toutefois, cet arrêt n'est pas inertie, abandon de soi, complète inaction. L'esprit s'arrête, mais il reste *tendu* et, de plus, il *attend*. Quand le premier de ces éléments (tension) existe seul, il n'y a pas attention proprement dite, mais bien fascination, idée fixe, hypnose. Dans l'attention proprement dite, l'esprit domine son idée, il *attend*, non en restant immobile comme le chasseur au coin d'un champ, mais en s'appliquant à découvrir la nature et les causes, à l'aide de toutes les analogies et de tous les rapports qu'il peut établir. Etre attentif, c'est donc obéir à une impulsion venue non du dehors, mais du dedans, c'est à la fois *tendre, attendre* et *chercher*.

« Mais, comme l'activité de l'organisme et *surtout de l'appareil moteur et musculaire auquel elle est étroitement liée*, l'orientation mentale ne peut s'exercer que d'une manière intermittente et rythmique, d'où il ne faudrait pas conclure d'ailleurs que l'attention réside uniquement dans ces actes successifs ; *elle réside dans la force qui les produit en vue d'une même fin.*

« Un autre caractère original de l'*orientation mentale* est, en fixant l'esprit sur un point déterminé, de rétrécir en quelque sorte le champ de l'attention et de produire un état plus ou moins parfait de monoïdéisme (une seule idée). Son rôle a été justement comparé à celui d'une lentille convergente qui réunit les rayons lumineux en un même foyer pour le bien mettre en évidence, le reste demeurant dans l'ombre.

« Mais en diminuant le champ de la conscience, l'orientation mentale ne l'appauvrit pas pour cela. Il est bien vrai qu'un état est élu de préférence aux autres, mais en se fixant sur lui, l'esprit le féconde... Et il se trouve ainsi que l'attention est en même temps un acte de discrimination et d'analyse et un acte d'intégration et de synthèse. »

L'expérience prouve qu'au lieu de suivre l'adaptation musculaire, tel un effet qui suit sa cause, comme dans l'attention spontanée, l'attention dirigée (orientation mentale) « *la précède et la provoque, créant immédiatement une accommodation des organes et une réaction motrice, soit pour lutter contre le milieu où nous sommes, soit pour nous adapter à lui* ».

Je tiens à insister particulièrement sur l'importance de ces derniers mots qui proviennent d'un traité où est enseignée la philosophie classique, et qui nous font voir que par *l'orientation mentale*, ou *Attention dirigée*, se créent en nous non seulement l'application de ce que nous sommes en train de faire, mais encore et surtout *les conditions physiologiques de réactions musculaires préventives, indispensables pour que soit immédiatement et brusquement réalisé le phénomène radiesthésique*, c'est-à-dire, suivant le comte de Marsay : « l'effort de notre organisme pour s'accommoder à une discontinuité, ou, ce qui revient au même, la lutte de notre organisme contre le changement ».

Mais par l'orientation mentale, les radiesthésistes prétendent encore pouvoir se passer de témoin physique et réaliser, par la concentration de leur pensée sur tel objet, un véritable témoin mental.

A première vue, cette prétention pourrait paraître peu soutenable et faire croire que nous touchons aux frontières de l'Occulte, de la Magie, ou tout au moins « des méthodes suspectes », comme dit M. Mager, mais la simple observation quotidienne des prospecteurs est là pour établir les résultats obtenus par le témoin mental, et pour prouver, par la répétition des bons résultats, la valeur de ce procédé.

Certes, toutes les fois que cela est possible, le témoin physique est préférable, mais le témoin mental rend de grands services quand nous n'avons rien d'autre pour syntoniser.

Quelle explication fournir de ce phénomène ?

Notre cerveau, lorsque notre esprit se concentre sur l'eau, sur l'or, sur tel bacille, sur telle lésion, etc., émet des ondes qui ont été captées objectivement par l'appareil du Docteur Cazzamali, comme nous l'avons vu au chapitre précédent ; peut-être que ces ondes sont d'une longueur différente suivant l'objet pensé, peut-être que chacune de ces longueurs d'onde cérébrale est en harmonie avec celle de l'objet lui-même et syntonise avec elle.

Peut-être encore, et c'est pour moi l'hypothèse qui prévaut, que par notre attention dirigée sur un objet, nous mobilisons en nous et mettons en état de vibration des particules d'éléments semblables ou identiques à l'objet cherché, et qui résonnent avec lui. Cette opinion n'a rien qui puisse heurter ou même surprendre un esprit averti ou illuminé par les vérités de la Foi. La personne humaine n'est-elle pas toujours, par une de ses parties, dans son immense et admirable complexité, le *similimum* parfait de tout ce qui est organique ou inorganique, puisqu'avec tout ce qui est « pulvis est et in pulverem reverterit »

Notre moi mental intervient encore dans l'acte radiesthésique en nous fournissant, là comme ailleurs :

— *par les principes directeurs de la connaissance*, le moyen de constater le mouvement et le changement qui existent en nous au moment de la détection en les comparant à quelque chose de stable ;

— *par le principe de causalité* qui veut que tout mouvement, tout changement aient une cause, dont nous avons conscience par l'idée que nous nous faisons du rapport qui relie un acte à un autre ;

— *par l'habitude* surtout qui est très importante en radiesthésie, et à laquelle M. Elie Christophe a donné le nom de « *Convention mentale* ».

Je comprends bien que sous ce nom-là, M. Christophe entend d'abord désigner le *choix d'un réflexe*, mais une fois ce choix fait, il faut bien faire appel à l'habitude active, pour le fixer et l'améliorer.

Tout d'abord, posons la question : un réflexe peut-il être choisi ? Je répond catégoriquement oui. La vie nous fournit maints exemples de réflexes prémédités, qui ont été choisis parmi beaucoup d'autres possibles : le coup de chapeau de l'homme, l'inclinaison de la femme, la pose de la main au képi par le soldat, tout ceci pour saluer ; le geste d'applaudir : devant un obstacle le coup de volant de l'automobiliste, vers la droite en France, vers la gauche en Angleterre, sans qu'il soit question que les Français soient tous polarisés *positif* et les Anglais *négatif*. Combien d'autres cas encore pourraient être cités !

Peu de temps après la parution de mon premier ouvrage, Maître Brouard, ancien président de l'A. A. R., avec qui j'entretiens des relations qui, pour être espacées, n'en sont pas moins amicales, m'écrivait dans une lettre personnelle, au sujet de mon livre : « Vos premiers exposés sont presque secs, les débutants auraient du mal à s'y perdre ! Il ne s'ouvre que lentement devant les lecteurs de plus en plus avertis. Est-ce la raison pour laquelle, adoptant les principes directeurs de M. Christophe, il ne fait peut-être pas — aux premières pages — une place suffisante, à côté des réflexes éduqués de la « Convention mentale », aux simples réflexes instinctifs et fondamentaux » ?

Je vais aujourd'hui, profitant de cette étude, donner mon

opinion sur « les simples réflexes instinctifs et fondamentaux » dont parle mon distingué correspondant.

Si je ne leur ai accordé aucune place dans mon « Traité Pratique de Radiesthésie », c'est que, tout en reconnaissant la réalité de leur existence, je les considère comme étant sans valeur au point de vue radiesthésique, parce qu'ils sont instables et anarchiques. Prenons pour nous en convaincre l'exemple de deux automobilistes dont l'un conduit pour la première fois, et l'autre depuis des années. Ils se rencontrent à vive allure, à un croisement dangereux, et de façon telle que, sauf manœuvre adroite, ils vont se heurter. Surpris, le premier automobiliste inexpérimenté va avoir des réflexes « instinctifs » et « fondamentaux », incohérents et anarchiques qui, au lieu de l'éviter, précipiteront l'accident. Le second, sans plus réfléchir que le premier mais avec une sûreté que lui confère l'habitude, aura des réflexes à la fois prompts, ordonnés et conformes à la *Convention* établie. Il réussira à éviter ou à atténuer le choc provoqué par le réflexe instinctif du premier.

Il en est de même en radiesthésie. Toutefois, je reconnais, avec les traités classiques de Philosophie, qu'un premier réflexe instinctif et fondamental est déjà le commencement d'une habitude et que, dans ces conditions, il sera préférable de le choisir plutôt que n'importe quel autre. « Car, nous dit le cours de philosophie déjà cité, tout acte nouveau contient le germe d'une habitude nouvelle, est même un commencement d'habitude. S'il en était autrement, si le premier acte ne laissait aucune trace de son passage et n'était pas, au moins en partie, la raison du second, il n'y aurait aucune raison pour que l'habitude commençât jamais. L'enfant ne comprendrait pas mieux et ne retiendrait pas plus facilement sa leçon de piano le dixième jour que le premier... Il y a des actes qui nous impressionnent si fortement que, dès la première fois, ils laissent en nous une tendance très forte à les faire renaître. Cependant, ces cas sont l'exception. En général, pour qu'une habitude se développe et se fixe en nous profondément, il est nécessaire que l'acte qui lui a donné naissance se répète souvent. Que de répétitions et que d'efforts il nous a fallu pour apprendre à marcher, à parler, à lire, à écrire ; que de répétitions et que d'efforts il nous faut encore toutes les fois que nous entreprenons une tâche nouvelle pour arriver à la bien remplir ! »

Il est salutaire de considérer que la Radiesthésie ne fait pas exception à cette règle, et les néophytes qui, après trois semaines d'entraînement, m'écrivent qu'ils sont désolés de n'obtenir que de piètres résultats, ne réfléchissent certainement pas aux années d'entraînement ou d'éducation qu'il leur a fallu pour obtenir sinon la maîtrise, du moins une honnête habitude dans leur profession.

Mais la répétition et l'effort qui ne seraient ni mesurés, ni gradués, n'aboutiraient à aucun résultat. « Il faut donc, en premier lieu, que les répétitions ne soient ni trop espacées, ni trop voisines, car, dans le premier cas, les traces laissées par les actes précédents auraient le temps de s'effacer et tout serait à refaire, et dans le second, l'esprit et l'organisme surmenés et fatigués, deviendraient incapables de l'assouplissement et de l'adaptation qu'on leur veut imposer... Il faut, en second lieu, que les exercices soient gradués. C'est en partant d'actes très simples et en s'élevant peu à peu à des actes plus compliqués, que l'on devient capable des travaux les plus minutieux et les plus délicats ».

De plus, un des premiers effets de l'habitude, en Radiesthésie comme ailleurs, sera de *diminuer notre effort* en rendant nos réflexes plus parfaits, plus sûrs et plus rapides.

« Combien, lors de ses premières leçons de piano, les petits doigts de l'enfant sont lents, gauches, pénibles ; que de difficultés pour passer le pouce au moment opportun, sans rompre la mesure ! Mais voici que peu à peu, à mesure que les exercices se répètent, les doigts s'assouplissent, les mouvements s'accélèrent, deviennent plus sûrs ; les muscles fonctionnent pour ainsi dire tout seuls, comme si l'intelligence était descendue dans les mains, et un moment viendra où elle n'aura plus à intervenir.

« La volonté s'efface de plus en plus, à mesure que s'enracine l'habitude. Son intervention qui, au début, était indispensable pour écarter les causes de distraction et surveiller le travail qui se faisait, est devenue de moins en moins utile, jusqu'au moment où s'est substitué à elle un véritable automatisme. Il est même à remarquer que si la volonté veut, à ce moment, reprendre son premier rôle et contrôler comme autrefois, il en résulte presque toujours des hésitations et des troubles qui nuisent au travail exécuté. »

L'automatisme créé par une longue habitude, voilà donc le but que doivent rechercher les radiesthésistes au cours de leurs patients et longs labeurs d'entraînement, afin d'écarter, en rejetant complètement la *volonté* de leurs travaux, une grande partie des risques de l'autosuggestion qui, reconnaissons-le, est un des grands écueils de la Radiesthésie.

Car la volonté, qui n'a rien de commun avec l'attention expectante et dirigée de l'Orientation mentale, implique une délibération pour la *conception d'un but à atteindre,* pour savoir *pourquoi* et comment on veut l'atteindre, s'oppose par tous ces caractères à l'acte réflexe dont nous venons de parler, en tendant à lui substituer un *acte décidé après raisonnement.*

Nous venons de présenter ici nos opinions les plus personnelles et les plus chères parce qu'elles nous semblent les plus vraies, sur la partie suggestive de la radiesthésie. Pour cela, nous avons toujours essayé d'étayer nos idées sur des concepts généraux et non pas seulement propres à la radiesthésie, et de les puiser chez des auteurs soit d'une indiscutable valeur de pensée, soit d'un indiscutable classicisme.

Et c'est pourquoi, à la fin de ce chapitre, en nous excusant une fois de plus des larges emprunts que nous faisons à autrui pour établir notre essai de synthèse, nous croyons ne pouvoir mieux faire que de donner ici « l'explication de l'art du sourcier d'après la doctrine de Saint Thomas d'Aquin » par Dom Guilbaud, de l'ordre de Saint Benoît, telle que M. le Vicomte Henri de France, à qui elle fut adressée, la publie en appendice dans son livre très estimable des « Souvenirs d'un Sourcier » (1) :

« Avec le sourcier, nous sommes, semble-t-il, en présence d'un art au sens large où Saint Thomas entend ce mot et que l'on pourrait définir en le décrivant ainsi : *Une qualité d'ordre intellectuel,* organisée par la répétition des actes et disposant son sujet à analyser, juger, *interpréter correctement* selon les règles tirées des vérifications expérimentales, les réactions dynamiques ou mouvements réflexes de l'organisme amplifiés par la baguette ou le pendule et provoqués par la réception dans les organes de la connaissance sensible des courants telluriques ou d'ondes électro-magnétiques émises par des corps et nous déterminant à les connaître ; cette aptitude perfectionnée réside principalement dans la *raison,* mais à titre participé et secondaire, dans les *facultés sensibles* qui entrent ici en actes et ont besoin d'être éduquées, assouplies de façon à jouer ensemble, sans se neutraliser, les unes pour recevoir et capter (sens de la résistance et de la douleur), les autres pour manifester un mou-

---

(1) Librairie Agricole de la Maison Rustique, 26, rue Jacob, Paris.

vement (vertu motrice) et pour incliner instinctivement (cogitative ou raison particulière) ou guider le sujet dans le choix de ses positions ou déplacements (ainsi lorsqu'il s'agit de tâtonner pour suivre un cours d'eau) et dans son interprétation rationnelle de l'expérience faite.

Le sens de la résistance et de la douleur est un toucher spécial, les papilles nerveuses qui en sont l'organe sont régulièrement réparties par tout le corps, constituant une sorte d'antenne, qui serait impressionnée par les ondes électromagnétiques. D'ailleurs, on pourrait aussi admettre que tout le système nerveux, pris dans son ensemble, est plus ou moins récepteur de ces ondes (Cf. ce qui se passe pour l'électricité atmosphérique) mais (et cela vaut pour TOUS les sens), seuls sont perçus consciemment ou du moins suffisamment pour provoquer un réflexe, les excitations sensorielles ayant une certaine intensité et atteignant ce que l'on nomme aujourd'hui « le seuil de la sensation ».

Il y a un minimum sensible que l'excitant doit atteindre pour franchir le seuil de la conscience ou pour déterminer un réflexe, minimum variable selon les individus plus ou moins disposés naturellement et selon leur état psychologique du moment (attention). Il est par ailleurs certain que l'exercice, l'éducation peuvent reculer le seuil primitif de la sensation, développer et affermir la disposition de l'appareil récepteur (ainsi sur un autre terrain le toucher des aveugles opère la distinction des minuscules caractères en relief).

Le sens commun ou sens central est un sens interne, dont l'organe se trouve principalement dans le cerveau, mais s'étend probablement aussi dans la moelle épinière.

Il a pour objet les sensations (et par elles les objets), de tous les sens externes dont il coordonne les données à propos de ce même objet concret. C'est par lui que la sensation devient consciente, c'est en lui et par lui que la sensation de la périphérie atteint (directement ou par l'intermédiaire de l'imagination de la cogitative et de l'appétit sensitif) un centre moteur mettant en marche *la vertu motrice* ou faculté de mouvement pour produire un *mouvement réflexe*.

L'instinct ou estimative (nommé chez l'homme cogitative) qui est susceptible de certains perfectionnements secondaires, interviendra dans l'art du sourcier :

1° *pour diversifier ou régler* les mouvements (simplement réflexes ou plus ou moins conscients, mouvements d'un membre ou mouvement de tout le corps et déplacements) conformément à la diversité des sensations produites par les ondes et parvenues au sens commun ;

2° *pour incliner le sourcier* à expliquer dans tel cas concret les principes tirés par induction (par l'intelligence) des expériences répétées et jugées.

Dès que l'on juge en recourant à des principes universels, *c'est l'intelligence* qui intervient, mais l'application des principes au concret de l'action est presque toujours dirigée chez nous (dans tous les ordres de la vie pratique) par la *cogitative*.

Chez l'homme, l'instinct ou estimative reçoit le nom de cogitative à raison du mode d'action plus parfait qu'il tient du voisinage et de l'influence de la raison. Même chez l'animal, il dépasse l'appréhension sensible comme telle et applique une sorte de jugement et de choix, mais ce jugement et ce choix ne sont pas le fait d'une idée propre à l'animal, l'idée qui dirige est dans l'auteur de la Nature, ce qui est dans l'animal est une participation lointaine de cette idée, participation par mode de stimulation intérieure, d'impulsion spontanée (instructus) de propriétés naturelles, participation aveugle et dans laquelle l'animal est passif. Ce dernier, lorsqu'il agit par instinct, est mû en vertu de la combinaison entre l'instinct, donné avec l'être, et l'influence des impressions sensibles actuelles ou conservées. La supériorité sur les autres sens vient de ce que *l'estimative :*

1° *abstrait* (non pas des conditions matérielles pour arriver à l'universel, ce qui est propre à l'intelligence) mais des circonstances temporelles et spatiales, saisissant par exemple dans les sensations d'un objet, le caractère d'utilité ou de nocivité de la chose pour la nature ;

2° *forme des inférences particulières,* en concluant, soit du particulier au particulier, soit chez l'homme et par l'influence du voisinage de la raison, d'une pluralité de ce cas particulier à un cas particulier, mais comme automatiquement et sans recours aux principes universels. S'il y a recours à ces principes, c'est que l'acte de l'intelligence s'unit à celui de l'instinct comme dans le cas du sourcier, qui avec son art et toutes ses facultés qu'il met en jeu à titre d'instrument, interprète l'expérience qu'il vient de faire. Mais avant l'interprétation et dans l'expérience elle-même, *l'instinct* (développé certes par l'usage que la raison a fait de lui et mieux disposé à son rôle) lui-même guide les manifestations dynamiques de la sensation produite par les ondes électro-magnétiques.

Nul besoin de recourir à l'explication des « para ou supra normaux », explication facile qui n'explique rien au fond. L'art du sourcier ne postule rien d'anormal dans un homme. Les facultés humaines, ayant l'équilibre nécessaire, et perfectionnées par une éducation, suffisent ».

Que chacun veuille bien méditer ces paroles pleines de vérité.

CHAPITRE III

LA PARTIE OBJECTO-SUBJECTIVE DE LA RADIESTHÉSIE

LES INSTRUMENTS

Jusqu'à nos jours, les deux principaux instruments, en Radiesthésie, ont été et sont encore la *Baguette* et le *Pendule*. Nous allons voir les différentes conceptions qui, à travers le temps, ont présidé à leur confection, puis nous fixerons ensuite notre choix en connaissance de cause.

A

LA BAGUETTE

Si l'on s'en tient à la définition donnée par le Dictionnaire de l'Académie, la Baguette des Sourciers ne serait qu'une « *branche de coudrier fourchue* » ; pour Littré « *une baguette de coudrier qui tourne entre les mains de certaines gens* ». Il faut avouer que les auteurs de dictionnaire n'ont pas perdu leur temps à se documenter sur cette question et pêchent par excès de simplicité. Nous allons essayer de compléter utilement nos connaissances sur ce sujet.

Il semble bien que dans nos régions, l'usage de la baguette pour la recherche des eaux souterraines ne soit guère antérieure au XV° siècle. Auparavant, le vol massif d'insectes au-dessus de certains points du sol, l'emplacement des buées matinales semblent avoir été, avec les quatre procédés indiqués par Vitruve, les seuls moyens de déceler la présence des sources. En France, tout porte à croire que c'est Martine de Bertereau qui inaugura, pour ses prospections, des gîtes métallifères, l'utilisation de la baguette vers 1630. Nous étions déjà, il faut le dire, quelque peu en retard sur certains pays voisins, car les mineurs d'Allemagne, depuis plus de cinquante ans, nous avaient précédés dans cette voie. Au cours des XVIe et XVIIe siècles, la littérature spéciale à cet art, écrite le plus souvent en latin, désigne la baguette par des noms divers plus près de la poésie que du vocabulaire scientifique. *Virgula divina*, dira Philippe Mélanchton dans son «Discours sur la Sympathie» ; *Virgula divinatoria*, l'appelleront l'alchimiste Michaël Mayerus, Edon von Nenhaus et le célèbre évêque de Volturara, Simon Maiola.

Dans le *Testament du frère Basile Valentin*, publié au commencement du XVIIe siècle par les Bénédictins, on nous rapporte encore d'autres noms, tous plus jolis les uns que les autres, pour désigner la baguette : *Verga caudente, Verga cadente, Verga trépidante, Verga lucente, Verga saliente, Virgula obvia* ; parfois, on lui donne aussi le nom de *Furcilla*, et de nos jours, certains sourciers de campagne appellent encore *Furcelle*.

Vers la fin du XVIIe, un avocat de Rouen, Le Royer, écrit un traité du *Baston universel* ; à Grenoble, Jean Nicolas publie un autre traité sous le nom de *La Verge de Jacob*; mais cependant, en langue vulgaire, le terme de *Baguette* commence à s'imposer dans les différents écrits. L'Abbé de Vallemont publie sa *Physique occulte* ou *Traité de la Baguette divinatoire*, mots remplacés plus tard par ceux de Baguette fourchue en raison des polémiques qui s'instituèrent autour du mot « divinatoire ». Puis vient le *Traité de la Baguette* de J.-B. Pauthrot, les *Réflexions sur les usages de la Baguette* de Ménestrier, les *Observations sur les mouvements des Baguettes* du Baron de Morogues en 1854. Désormais, jusqu'à nos jours, le terme de baguette prévaudra sur tous les autres. Mais si le terme de *Baguette* n'est plus dès lors discuté sérieusement, l'appellation des manieurs de baguette n'est pas encore définitivement fixée. *Bacillogire*, propose le Comte Tristan en 1826 (du mot *Bacillus* : baguette, et girare : tourner) ; *Hydroscope, Métalloscope*, écrit l'Abbé Carrié, dans la seconde moitié du XIXe siècle, mais au début du nôtre, M. H. Mager emploie le mot de *Baguettisant*, et ce mot fait fortune, éclipsant tous les autres.

Après ce bref exposé sur les diverses fortunes du nom de notre modeste instrument au cours des siècles, passons à l'outil lui-même, et puisque le dictionnaire ne reconnaît que la *Baguette de Coudrier,* étudions d'abord celle-ci.

Le Frère Benoit Padey nous rapporte dans son *Traité des secrets de la baguette et du pendule* qu'autrefois on croyait à l'influence de certains rites plus ou moins mystérieux lors du choix des branches à couper. « Dès que le soleil, dit-il, paraît à l'horizon, vous prenez dans la main gauche une branche de noisetier pouvant fournir une baguette appelée vierge. Vous la coupez en trois coups de la main droite en disant : Je te ramasse au nom d'Eloïn, Muthraton, Adonay et Semphoras, afin que tu aies la vertu de la verge de Moïse et de Jacob pour découvrir tout ce que je voudrai savoir. La baguette ainsi confectionnée ne doit être employée à aucun autre usage profane. Dès que vous vous en servez étant sur le lieu de l'opération, vous direz, la tenant serrée dans vos deux mains par les bords qui font la fourche : Je te commande, au nom d'Eloïn, Muthraton, Adonay et Semphoras, de m'indiquer la source que je cherche. Dans cette conjuration, le mot source est remplacé par celui de l'objet à découvrir : métaux, trésors, etc... Cette façon d'opérer explique pourquoi dans le temps, on prenait les sourciers pour des sorciers. »

Dans sa *Physique occulte* parue en 1693, l'Abbé de Valmont nous fait de la Baguette de Coudrier la description suivante : « Une branche fourchue de coudrier, autrement noisetier, d'un pied et demi de long, grosse comme le doigt et qui ne soit pas de plus d'une année, autant que cela se peut. »

D'après le Comte Tristan, il faut choisir, pour faire une baguette, deux rameaux jeunes de préférence, unis à une même tige de façon à former une petite fourche présentant un angle de 25 à 50 degrés. On doit couper la tige de 4 à 10 centimètres au-dessus de la naissance des deux rameaux. Chacun de ces deux rameaux doit être d'une grosseur égale et autant que possible rapprochante de celle d'une plume d'oie, de même longueur, comprise entre 35 à 50 centimètres. La souplesse des rameaux est une qualité essentielle. Il faut, bien entendu, les débarrasser de leurs feuilles et de toutes les petites protubérances qui peuvent y naître : surgeons, ramilles, etc..., mais en évitant d'abîmer l'écorce.

Si le coudrier est de tout temps l'essence la plus prisée pour la confection des baguettes de bois, toutes les espèces d'arbre sont essayées avec des fortunes diverses. Bien que l'Abbé de Vallemont prétende que les baguettes faites **dans** toutes sortes de bois, de *quelque espèce qu'il soit,* ont un mouvement aussi violent et aussi rapide, l'expérience ne tarde pas à prouver que certaines essences, — comme les résineux, par exemple, qui collent aux mains et qui cassent facilement — sont peu pratiques ou même inutilisables. Des préférences naissent basées sur l'expérience des prospec-

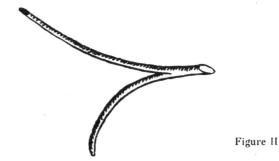

Figure II

teurs. Le *prunier sauvage,* l'*orme,* l'*épine blanche* connaissent une certaine vogue vers la fin du XVIIe. Un avocat de Rouen, nommé Le Royer, utilise, dit-on, des baguettes de laurier et des troncs d'artichaut. On dit même que l'amandier fournit alors des baguettes. En plus du coudrier, l'Almanach de Gotha, paru en 1809, cite encore le *hêtre,* l'*aune* et le *pommier* comme arbres susceptibles de fournir de bonnes baguettes. Le Comte Tristan va jusqu'à admettre le *tilleul* et le *genêt d'Espagne* dans sa liste qui comprend le *troëne,* le *charme,* le *frêne,* l'*érable,* le *cytise,* l'*épine blanche,* le *cornouiller,* le *coudrier,* comme excellentes essences ; la *ronce,* le *chêne,* le *prunellier,* l'*orme,* le *châtaignier,* le *pommier,* le *fusain,* l'*aubépine,* comme essences praticables, mais moins bonnes ; le *marronnier d'Inde,* comme essence à rejeter complètement.

Certains sourciers, au XVIIe, au lieu de se servir de la baguette de bois classique, essaient d'utiliser une tige droite (reminiscence peut-être des anciens *bâtons de commandement*) qu'ils placent sur le dos d'une de leurs mains, en équilibre comme une balance. Lorsqu'en avançant lentement, ils franchissaient une ligne de force, la branche ainsi tenue penchait soit d'un côté, soit de l'autre (fig. III).

Ce procédé n'a guère résisté à l'épreuve du temps.

Mais tandis que les sourciers de campagne se contentent alors, comme ils se contentent encore de la fourche de coudrier, les prospecteurs plus cultivés, tels Martine de Bertereau, le Comte de Tristan, l'Abbé Carrié et combien d'autres jusqu'à nos jours, expérimentent des baguettes métalliques. Les uns simplement parce qu'ils les jugent plus souples et

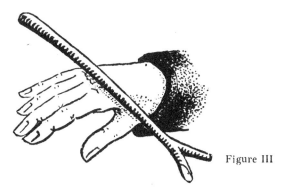

Figure III

plus solides que les baguettes de bois ; les autres, parce que, pressentant déjà, quelques-unes des forces mises en jeu, s'imaginent mieux les capter avec des baguettes *métalliques* et, par conséquent, *conductrices* (fig. IV).

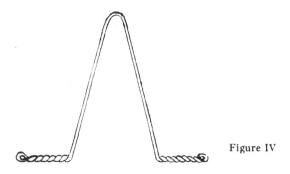

Figure IV

Voyons un peu ensemble l'histoire de ces différentes sortes de baguettes :

Au XVIIe, le ménage de Bausoleil (Jean du Chastelet et Martine de Bertereau) dans son livre : *La Restitution de Pluton,* s'il nous donne de longs exposés sur ses prospections minières dans beaucoup de pays, parmi lesquels on compte les Etats de l'Eglise, ne nous fournit, par contre, que bien peu de précisions sur sa méthode et sur la qualité de ses instruments. On sait cependant que ceux-ci étaient au nombre de quinze, dont sept baguettes métalliques. Chacune des baguettes, faite d'un métal différent des autres, servait pour la prospection d'un métal particulier. La *Verga cadente* était utilisée pour la recherche de l'argent ; la *Verga battante*, pour l'étain ; la *Verga saliente*, pour le cuivre ; la *Verga trépidante* pour le plomb ; la *Verga obvia*, pour le mercure ; la *Verga lucente* pour l'or, etc... Il est vraisemblable d'admettre que chacune de ces baguettes était composée du métal ou d'un alliage du métal qui devait être prospecté.

Vers 1820, le Comte de Tristan, tout en se servant de la classique baguette de coudrier, tente d'utiliser une baguette en fil de fer recuit, puis une autre en laiton. En effet, le comte de Tristan pense que l'électricité de certains corps et les fluides qui doivent en émaner sont les facteurs essentiels, pour ne pas dire uniques, des mouvements de baguette, et il croit à leur action sur l'instrument, soit par *vibration*, soit par *effluve*, ce mot signifiant dans sa pensée des particules du corps prospecté qui s'échapperaient de lui en formant une sorte de *nébuleuse*, une espèce d'aura, une substance sublimée pourrait-on dire. Il ne prend pas position d'ailleurs, entre ces deux hypothèses. Pour lui, de chaque corps détectable émanent deux forces — (vibration ou effluve) — dont l'une passe par la main droite de l'opérateur et tourne autour de la branche droite de la baguette en solénoïde droit, tandis que l'autre suit la main gauche de l'opérateur et la branche gauche de l'instrument en solénoïde gauche.

En véritable précurseur des conceptions les plus modernes vérifiées par des appareils strictement physiques, le Comte de Tristan considère la baguette comme un instrument électrométrique destiné à indiquer par sa chute d'équilibre, — comme le déséquilibre de l'aiguille dans un microampèremètre, — les modifications de l'état électrique humain, créées par la proximité des eaux souterraines et des filons métallifères. Aussi, ne se soucie-t-il pas de donner à chaque baguette un métal semblable à celui recherché. L'indice du phénomène de résonnance n'intervient pas dans la construction de ses instruments ; il ne recherche dans les métaux dont il compose ses baguettes, que la seule qualité de *conducteur*.

Le Baron de Morogues, neveu du Comte de Tristan et continuateur de ses travaux, nous fait part, en 1854, dans ses « *Observations sur les Mouvements des Baguettes et des pendules* », de ses expériences et de ses découvertes. Il ne croit pas particulièrement à la valeur des baguettes métalliques, et les remplace bientôt pour ses recherches et ses travaux de laboratoires, par une baguette de baleine à douille de corne, par conséquent *non conductrice*, admettant ainsi, implicitement ou peut-être explicitement puisqu'il nous manque de ses écrits, que la rupture d'équilibre n'a pas lieu à la pointe de la baguette par un choc d'électricités contraires comme semblait le supposer son oncle, mais bien à partir des mains de l'opérateur, ce qui demeure encore aujourd'hui une des opinions les plus généralement adoptées.

Au XIXe siècle, vers 1860, l'abbé Carrié, curé d'une petite paroisse du Lot-et-Garonne, est amené à se servir de la baguette après avoir vu un gros fil de fer rouillé qu'il avait ramassé dans son presbytère, faire un mouvement de rotation inattendu sur la place de son village, mouvement qui se reproduit plusieurs fois à divers points, et jusqu'à ce qu'il arrive « à une ruisseau jaillissant à gros flots ». Surpris par ce phénomène, il se met sérieusement à l'étude et devient par la suite une prospecteur renommé. Il se sert tour à tour de baguettes métalliques et de baguettes en bois, jusqu'au jour où il crée, sous le nom d'Hydroscope, une sorte de baguette en métal à laquelle il ajoute un cadran gradué, maintenu fixe grâce à un poids posé à sa partie la plus basse. Ce cadran est muni d'une aiguille qui tourne en même temps que la baguette adjacente, marquant ainsi sur la graduation du cadran l'importance de l'inclinaison

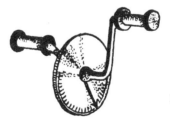

Figure V

de l'instrument. Le degré d'inclinaison et le temps mis par la baguette métallique pour y parvenir, lorsque l'opérateur se place au-dessus d'une source, permet d'évaluer la profondeur du courant souterrain. J'ai vu, il y a quelques années, au cours d'une prospection que nous faisions ensemble, l'Abbé Racineux, de Pornic, se servir d'un instrument à peu près semblable, bien que légèrement modifié. C'est un appareil qui, je le crois, deviendra bientôt une pièce de musée, car il ne répond à aucune nécessité réelle (fig. V).

Au XIX° siècle encore, un sourcier, Jansé, après de nombreuses observations, croit trouver l'outillage adéquat à toute recherche hydrolique ou minéralogique, avec deux baguettes métalliques qu'il nomme *Révélateurs*. Dans sa plaquette « Les Radiations des corps minéraux », paru en 1909 chez H. Dunod et E. Puiat, éditeurs à Paris, M. Henri Mager nous présente ainsi ces révélateurs : « Jansé chercha plus de trente ans, et, de déduction en déduction, il fut conduit à construire deux révélateurs... il dénomma ces instruments : révélateur négatif, révélateur positif... Le révélateur négatif est constitué par un fil métallique de fer ou de nickel en forme de U renversé soit ∩ : les deux branches latérales

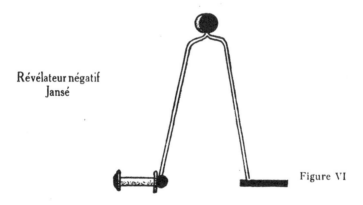

Révélateur négatif
Jansé

Figure VI

sont recourbées à leur partie inférieure pour former poignées ; la poignée droite s'engage dans un tube de bois, qui a pour fonction de l'isoler, de sorte que, quand l'instrument est tenu par deux mains, il n'est cependant en contact qu'avec la main gauche. Le révélateur positif est de même forme et de même agencement que le révélateur négatif... La seule différence entre les deux révélateurs consiste dans la nature du métal qui les forme : le révélateur positif est établi en cuivre, en zinc ou en argent. Certains corps exerceront une attraction sur le révélateur négatif, tenu par la main d'un homme polarisé : comme ne s'attirent que des corps chargés d'électricités contraires, on dira que les corps qui attirent le révélateur négatif sont positifs ; de même les corps qui attirent le révélateur positif seront dits négatifs... » et M. Jansé aurait, avec ses deux *révélateurs*, fait un classement des corps en *positifs :* platine, or, argent, cuivre, zinc, étain, plomb, antimoine, mercure, sulfate de cuivre, soufre, charbon de bois, iode, lignes telluriques ; *négatifs :* fer, fonte, acier, nickel, aluminium, charbon de

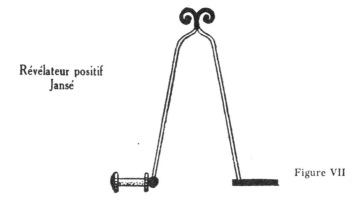

Révélateur positif Jansé

Figure VII

terre, coke, ardoise, phosphates, caoutchouc, verre, cristal, diamant faux, eaux ferrugineuses ; *neutres :* terre arable, pierres, schistes, calcaires, granits, marnes, argiles ou glaises lorsque les terres ne sont pas en contact avec des sources, les eaux stagnantes, le bois mort, le fil, le coton travaillé, le papier, la porcelaine.

Ainsi donc, d'après cette théorie, les corps auraient une action directe sur les baguettes, suivant leurs qualités magnétiques ou diamagnétiques. M. Mager trouve que ces « deux révélateurs marquent un progrès certain sur les baguettes de bois » ou de baleine, cependant elles tombent vite dans l'oubli où leur efficacité les aurait empêchées de sombrer si elle avait existé. Pour notre compte, tout en admirant la probité et la conscience du chercheur que fut Jansé, nous considérons qu'il a fait fausse route en accordant à des *instruments en équilibre instable* des qualités détectrices *individuelles*.

Avec Grisez, on revient, au XX° siècle, à la baguette en baleine ; Probst se sert d'une baguette formée par deux tiges de jonc ligaturées.

M. Henri Mager, toujours hanté de découvertes sensationnelles et personnelles, entreprend de transformer « la baguette radioscopique » utilisée jusqu'alors, en « *baguette détectrice,* grâce à ses baguettes en baleine courte, judicieusement calibrée au 1/10ᵉ de millimètre », et colorées... « A la suite d'expérimentations méthodiques, dit-il, il m'apparut que pour déterminer la série vibratoire d'un corps, on peut utiliser 8 *baguettes détectrices,* peintes l'une en violet, les autres en bleu, en vert, en jaune, en rouge, en gris, en noir ou en blanc. Chaque détecteur coloré ne laisse passer un courant de décharge, en abordant un champ de force, qu'au cas où les *vibrations du champ,* et par suite du corps créateur du champ, sont *identiques aux vibrations du détecteur.*

« Si, en heurtant un champ de vibration, mon détecteur violet laisse passer le courant de décharge, je me trouve en présence d'un corps dia-magnétique ; les renseignements que donnent ces deux seuls détecteurs peuvent avoir une importance considérable au cours d'une prospection. Si le praticien recherche de l'eau souterraine, il utilisera le détecteur violet et ainsi éliminera *ipso facto,* non seulement les manifestations provenant de certains métaux enfouis (débris de fonte et de fer, canalisation en fonte ou en terre siliceuse), comme aussi les manifestations des galeries souterraines, des vides, des contacts de terrains géologiques, des fractures du sous-sol, ainsi que les manifestations de certaines eaux non potables. Certains corps composés étant accompagnés de vibrations ne correspondant pas aux couleurs franches des huit couleurs, j'ai été amené à combiner des détecteurs d'intensité diverses, c'est-à-dire de nuances diverses, tels les détecteurs lilas blanchâtre, lilas franc, lilas foncés, violets bleutés ou violets rosés. Le plus utile de tous les détecteurs colorés est le détecteur à branches noires et à ligature blanche, car il permet d'accrocher toutes les manifestations de force de l'Espace. » (1).

Quand M. Mager nous présente les différentes couleurs comme agissant suivant la loi des semblables, nous tombons d'accord avec lui, et c'est une question que nous traiterons tout à l'heure à la rubrique des *Témoins* ; mais quand il prétend que l'action des couleurs, leur résonance, agit sur le champ de force en syntonie, ou est agie par celui-ci, *directement* par l'instrument qui subit un frémissement détecteur, nous croyons qu'il fait, comme Jansé, fausse route.

---

(1) *Les Sourciers et leurs procédés,* Dunod, éditeur.

D'ailleurs, après avoir fait connaître tant de conceptions différentes et parfois opposées sur le rôle et le mode d'action des baguettes, il est peut-être temps d'exprimer ici notre opinion personnelle.

Pour nous, toute baguette, qu'elle soit : *en bois* de n'importe quelle essence, *en métal quelconque,* qu'elle soit *noire, blanche* ou de couleurs diverses, ne peut pas être autre chose qu'un ressort tendu et mis en équilibre instable entre les mains d'un opérateur, et qui, au passage d'un champ de force, nous avertit, par sa rupture d'équilibre plus ou moins violente, que le réflexe humain, déclenché par la modification de l'état électrique du corps, a eu lieu chez le radiesthésiste qui s'est mis en disposition de le percevoir.

Instrument d'amplification : tel est le rôle unique de la baguette. Elle ne peut pas, par sa forme même, avoir un autre rôle. Elle ne détecte rien, elle n'explore rien, elle ne frémit à aucun excitant extérieur aux mains qui la tiennent. Nous pouvons apporter la preuve matérielle et scientifique de cette vérité. Nous avons, sur un appareil exécuté spécialement, calé des baguettes colorées du type Mager, exactement comme l'indique leur auteur ; puis nous avons fait traverser différents champs de force à ces baguettes, dans les conditions mêmes fixées par M. Mager, et en prenant soin de les « vitaliser » par un contact avec des doigts humains : *ces baguettes sont restées parfaitement insensibles en toutes occasions.* Nous avons renouvelé la même expérience avec des « révélateurs » du type Jansé, et nous sommes arrivés aux mêmes résultats constamment négatifs. Il faut donc admettre, malgré les explications fournies, quelque savantes et pseudo-scientifiques qu'elles soient, que les *baguettes Mager,* et toutes les autres de même destination, n'ont d'autre mouvement que celui reçu de l'opérateur même dans les conditions indiquées. Ce ne sont pas les baguettes qui frémissent, mais les mains de l'opérateur : frémissements insensibles, mais réels, comme nous l'avons vu au chapitre précédent. Dans ces conditions, il faut bien reconnaître que la baguette doit réagir, non pas quand sa pointe atteint la verticale d'un champ de force, *mais bien quand les mains de l'opérateur arrivent à cette verticale.* Aucune convention, aucun procédé ne peuvent modifier ce fait.

Rejetons donc toutes les complications inutiles et adoptons la plus simple des baguettes, telle que je l'ai décrite dans mon précédent traité (1). Cette baguette peut être confectionnée par n'importe qui. Je me les fais moi-même et voici comment j'opère : J'achète quelques longueurs de baleine plate et noire d'un usage courant chez les corsetières,

Figure VIII

et je choisis deux brins d'épaisseur sensiblement égale sur une longueur d'un pied (33 cms). Je coupe chacun de ces brins à la longueur indiquée ci-dessus ; puis, après les avoir posés l'un contre l'autre, je fais à l'une de leurs extrémités une solide ligature sur environ 4 cms avec une mince ficelle noire ; c'est tout : ma baguette est prête à fonctionner. Elle possède à mon avis trois grandes qualités : elle ne coûte pas cher, elle est incassable quelle que soit la force de réaction du plan vibratoire sur lequel on passe, elle est peu fatigante à l'usage (fig. VIII).

Pour se servir de cette baguette, on écarte les deux brins en en prenant un dans chaque main, paume en-dessus. La pointe doit être en avant et légèrement relevée, la baguette étant tenue ainsi que les avant-bras, à la hauteur de l'épigastre. Elle est alors en équilibre instable.

Suivant la plus ou moins grande souplesse de la baguette, celle-ci peut être tenue de diverses façons :

Classiquement, en la serrant à pleines mains, et, comme le dit M. Capron, « en rapprochant un peu les mains l'une de l'autre afin d'augmenter le pliage de la baguette. De cette façon, les avant-bras ne seront plus parallèles mais légèrement pincés vers l'avant. On doit, lorsqu'on tient la baguette en équilibre, faire un effort par serrage des branches pour l'empêcher de se retourner... » (fig. IX).

Légèrement, en posant l'extrémité de chaque brin entre le pouce, l'index et le majeur (fig. X).

---

(1) *Traité pratique de Radiesthésie,* chez Farré et Freulon, éditeurs, Cholet.

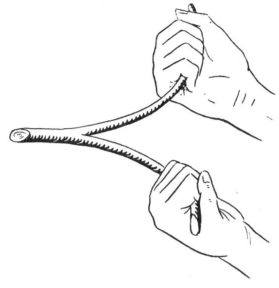

Figure IX

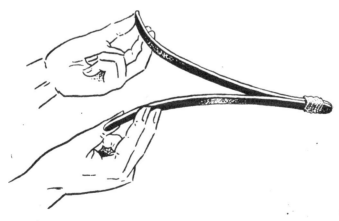

Figure X

Figure XI

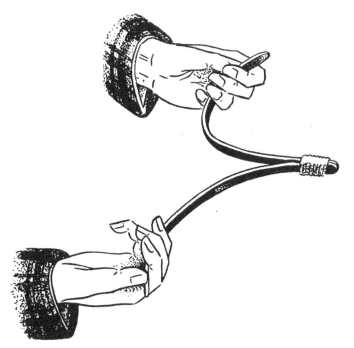

Figure XII

A la façon d'Henri Mager qui consiste à poser les deux bouts de la baguette sur les ponts charnus reliant les pouces aux index, et à tendre la baguette, main ouverte, en la pliant vers la paume à l'aide des phalangettes des annulaires seulement (fig. XI).

Selon la méthode personnelle que j'ai adoptée depuis quelque temps et qui me donne les meilleurs résultats (à condition que la baguette soit très souple, sous peine de fatigue et d'erreurs conséquentes), car on n'est plus à la merci des faux mouvements (fig. XII).

Je pince, entre les deux extrémités du pouce et de l'index, le bout de chaque brin, et je courbe la baguette avec l'intérieur de la première phalange du médius et de l'annulaire, en la faisant poser sur la première phalange, côté de l'ongle, de l'auriculaire ramené sous l'annulaire.

Mieux que des mots, les dessins que l'on trouvera ici, indiqueront au lecteur les attitudes correctes pour chacune de ces tenues de baguette.

Si la pointe de la baguette est légèrement au-dessus, ou légèrement au-dessous de l'horizontale, elle aura tendance, quand se rompra son équilibre, soit à se relever dans le premier cas, soit à tomber dans le second cas, sans qu'il faille donner à ce relèvement ou à cette chute une signification différente.

Les indications fournies par la baguette, si elles sont précieuses par leur brutalité même et la netteté qui en découle, manquent, comme on le voit, de valeur analytique et de sélectivité. Si on ajoute à cela la fatigue qui vient rapidement à cause de l'état de crispation musculaire qu'exige sa tenue, la baguette apparaîtra comme un instrument moins apte que le pendule aux prospections minutieuses et longues.

B

LE PENDULE

L'histoire du pendule est infiniment moins longue à conter que celle de la baguette. Elle est d'ailleurs de date plus récente.

Nous avons indiqué, dans le chapitre des forces objectives, à quoi servait le Pendule en physique. Pendant longtemps, cet instrument ne connut pas d'autre utilisation ; mais on nous raconte qu'un beau jour du xviie siècle finissant, le Capitaine Ulliac, de l'Etat-Major à Paris, vint à passer auprès d'un enfant qui s'amusait avec une boule creuse, en bois, dans laquelle avaient été placés quelques grains de blé. Cette boule que l'enfant tenait suspendue par un fil enroulé à l'un de ses doigts se mettait, à chaque fois que l'enfant tendait le bras, à décrire quelques oscillations d'abord, puis à former un cercle de plus en plus grand. L'officier, amusé, puis intéressé par la répétition des mêmes mouvements de la boule, avait longuement observé cette scène. Il en fit part autour de lui, si bien que le récit en arriva aux oreilles du Professeur Gerboin, de l'Ecole Spéciale de Médecine de Strasbourg, qui était un esprit d'une grande curiosité. Au lieu de soulever les épaules comme auraient fait tant d'autres, il voulut vérifier par lui-même le phénomène, construisit un pendule et commença ses expériences. Surpris, il enregistra des mouvements pendulaires analogues à ceux qui lui avaient été rapportés, et il en conclut que, tenu entre les mains, le pendule obéissait à des sollicitations spéciales. Il entreprit alors, vers 1790, de nombreuses et patientes études. C'est ainsi, dit-on, que le pendule prit droit de cité dans les instruments de radiesthésie.

Dans le même temps, — les idées nouvelles sont contagieuses et vont vite ! — un membre de l'Institut National d'Italie, l'Abbé Fortis, fit connaître qu'un pendule constitué par un cube de pyrite de fer, et tenu, avec 30 cms de fil, entre pouce et index de la main droite, décrivait un mouvement circulaire lorsqu'on l'approchait d'un autre corps.

En Allemagne, vers 1805, Guillaume Ritter, physicien célèbre, continua les études de l'Abbé Fortis, et crut pouvoir attribuer les mouvements pendulaires constatés à une nouvelle force non encore étudiée, et qu'il nomma le *sidérisme*.

On peut dire qu'à partir de 1810, après la publication des recherches de Gerboin, le pendule — que l'on désignait alors communément sous le nom de *pendule hydroscopique* — fait une sérieuse concurrence à la baguette ; et dès lors, comme pour la baguette, commencèrent à fleurir toutes sortes d'appareils pendulaires de fantaisie, de valeurs inégales.

Aux environs de 1838, se situe la construction de l'*Appareil pendulaire de F. de Briche*. Celui-ci, ancien haut fonctionnaire de la Préfecture du Loiret, voulait tenter de démontrer que les mouvements pendulaires ne proviennent pas de mouvements musculaires. « Son appareil, nous dit M. Henri Mager, consistait en une petite escabelle de bois de chêne, d'environ 0,30 cms de hauteur, formée d'une traverse de 0,020 à 0,025 millimètres d'épaisseur et de 0,13 à 0,14 cms de largeur sur 0,36 cms de longueur, fixée sur une table solide, afin de lui donner toute la stabilité nécessaire et de servir de point d'appui à la main de l'opérateur ; à l'extrémité d'un fil délié de soie, de chanvre, etc..., de 0,21 à 0,22 cms de longueur, il attachait un *anneau*, une *petite balle* ou un petit *cylindre de métal* ; il fixait ce fil sur le support avec une petite pelote de cire, le fil adhérent au bois ; dans cette position, le Pendule, présenté à une substance quelconque, prenait spontanément, par le contact de la main sur le fil, des *mouvements rotatoires* ou d'*oscillation* ; lorsqu'on le présentait à un autre objet devant produire un autre mouvement, ce premier mouvement se modifiait lui-même insensiblement, pour passer à celui quelquefois contraire, que devait produire la nouvelle substance explorée. » De Briche aurait reconnu par la suite que les mouvements obtenus avec son appareil suivaient les commandements de la volonté de l'opérateur.

Vers le milieu du xixe siècle, on voit naître le *Magnétoscope* de Rutter, de Black-Rock. Cet instrument comprenait une petite table de bois rectangulaire ; à une des extrémités de cette table, dans le sens de la plus grande longueur, s'élevait une robuste colonne en bois supportant une sorte de gibet métallique au bout duquel était suspendu un pendule très léger formé par un fil de soie très fin et terminé par un morceau de cire à cacheter modelé en forme d'olive. Au-dessous du pendule qui tombait à la verticale de son centre, était disposé un disque gradué qu'entourait, ainsi qu'aux anciennes lampes à pétrole, un verre rond dans lequel plongeait le pendule aux deux tiers, afin d'éviter tout mouve-

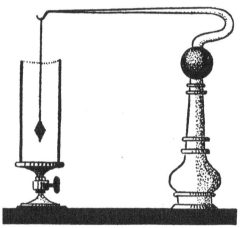

Figure XIII

ment provenant de la respiration de l'opérateur, ou des courants d'air. Pour se servir de l'appareil, on posait un morceau de métal au centre du disque, puis on entourait la colonne sans serrer, avec le pouce et l'index de la main droite. Rutter croyait ainsi démontrer l'action *directe* d'un rayonnement magnétique des corps sur le pendule.

Le Baron de Reichenbach, qui habitait près de Vienne, fit le voyage d'Angleterre pour voir Rutter et son instrument. Quand il revint chez lui, il s'appliqua à perfectionner le Magnétoscope, et le transforma sensiblement, sous le nom d'*Appareil pendulaire de Reichenbach*. Il se servit, nous dit H. Mager, « d'une cloche de verre pourvue à sa partie supérieure d'une ouverture en forme de col ; dans le col on ajustait une boîte en bois qui traversait horizontalement un petit rouleau en bois, de l'épaisseur d'un gros crayon ; ce rouleau était muni d'une molette, qui permettait de le faire tourner sur lui-même à volonté ; on y enroula 30 ou 40 tours d'un fil à l'extrémité duquel était attaché un Pendule à peu près de la grosseur d'une noix, avec une pointe à sa partie inférieure, et dont la matière consistait ordinairement en *résine*... Par l'intermédiaire du petit rouleau, on pouvait à volonté enrouler ou dérouler le fil et par suite élever ou abaisser le pendule à l'intérieur du verre. C'est sur les tours du fil et sur le rouleau lui-même qu'on plaçait l'extrémité des doigts destinés à agir » (fig. XIII).

Comme on s'en rend compte, ces instruments n'étaient que des appareils de laboratoire, nullement destinés à la prospection, mais seulement à étayer ou à infirmer des théories sur l'origine du mouvement *pendulaire hydroscopique*. Sur le terrain, on se servait alors, comme aujourd'hui, de pendules divers constitués soit par la montre de l'opérateur, soit par des masses semblables aux corps recherchés, soit par des masses en corps déclarés *neutres*, soit par des récipients pouvant contenir un corps identique à celui prospecté. L'Abbé Ferrant, dans ses « *Découvertes d'un Bacillogyre* », nous apporte bien une notion nouvelle : celle du pendule réglable en poids, suivant l'importance du champ de force détecté, mais il ne révolutionne en rien la structure fondamentale du pendule, qui restera la même jusqu'à nos jours inclusivement.

On peut noter en passant les tentatives de MM. Lichau et Vingerhoets, en vue d'établir un pendule à potence. Celle-ci devait être posée entre les deux index tenus parallèlement, à la verticale. Ils essayèrent également un deuxième appareil pendulaire mis sous globe et posé sur trépied, puis relié au sol à l'aide d'un *Concentreur d'ondes*. Ils prétendaient ainsi supprimer l'intervention de l'opérateur. Ces inventions sans résultat pratique auront duré ce que durent les roses... « l'espace d'un matin ».

Après ce tour d'horizon, si l'on veut désormais aborder le domaine théorique et pratique, il est permis de dire que toute masse suspendue à un fil souple peut servir de pendule. On aura toujours intérêt cependant à utiliser des masses homogènes afin que le centre de gravité ne soit pas déporté, et des surfaces régulières et simples afin que les résistances de l'ambiant soient uniformément réparties, sans quoi le mouvement pendulaire risquerait d'être dévié par des forces parasites, et provoquerait des erreurs d'interprétation (1).

Quant au fil de suspension, les seules qualités requises — qu'il soit en crin, en fil de lin, de chanvre, de coton, de

---

(1) M. Poulain de la Fosse, chirurgien-dentiste, a eu l'idée très ingénieuse, en se basant sur la forme de la terre faite pour tourner et aplatie à ses pôles, de donner à ses pendules la forme d'une pomme. Ils ont des girations très amples.

soie ou une chaîne métallique — sont la *souplesse* et *l'absence totale de torsion*.

Sur la confection d'un pendule, je ne puis que répéter ici ce que j'écrivais dans mon « Traité Pratique de Radiesthésie » :

Dans un morceau de n'importe quelle matière, ayant une forme soit ronde, soit conique, soit cylindrique, de la grosseur d'une noix environ, on percera, avec un poinçon assez fin, un petit trou d'une profondeur approximative d'un centimètre. On se munira d'un cordonnet noir ou d'une florence,

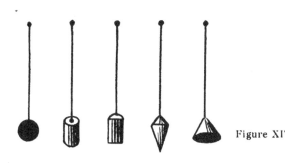

Figure XIV

ou d'une chaînette de 20 cms de longueur environ ; du côté devant s'adapter à la masse, on fera à ce fil une petite bouclette, puis on coupera dans une allumette un petit morceau d'une longueur d'un centimètre. A l'une de ses extrémités, avec une lame de rasoir, on pratiquera une encoche de quelques millimètres dans laquelle on enfilera la bouclette. Après quoi, on présentera ce bout d'allumette du côté de l'encoche, face au trou pratiqué dans la masse, et on enfoncera jusqu'à complète résistance, à petits coups de marteau. Je suis à la disposition de ceux qui ne voudraient pas ou ne pourraient pas fabriquer ce pendule pour le leur procurer (fig. XIV).

Nous avons vu au précédent Chapitre que le *collecteur d'ondes* ou *antenne réceptrice* que nous sommes, est parcouru par un courant plus faible, mais d'un rythme identique à celui du courant de l'objet émetteur ; or, comme il y a des milliers et des milliers d'objets émetteurs dans notre vaste univers, ce sont des milliers et des milliers de courants aux rythmes divers qui se superposent en nous, formant non un total d'intensité, mais une résultante, ce qui fait qu'ils ne parviennent pas à notre connaissance sensible.

Si nous devions *extérioriser* par le mouvement pendulaire tous ces courants indifféremment et sans choix possible, notre qualité de *collecteur d'ondes* ne nous servirait absolument à rien, et la Radiesthésie serait un mot sans réalité pratique ; mais nous avons heureusement plusieurs moyens d'éviter cet ennui.

Le premier moyen consiste à choisir une fois pour toutes un réglage personnel et constant du pendule et à trier le courant qui parmi les autres nous intéresse, à l'aide d'un *témoin* ou *syntoniseur*. Ce premier moyen, suffisant pour les prospections rudimentaires, ne permettra jamais une analyse très minutieuse des divers champs de force.

Le deuxième moyen, qui d'ailleurs n'empêche pas l'appoint supplémentaire et précieux du *syntoniseur,* met le pendule lui-même en état de *sélectionner* le courant qui nous intéresse, en utilisant le phénomène de résonance, bien connu en physique.

Qu'est-ce que la résonance ? Si j'ouvre un manuel, même élémentaire de radio-électricité, par exemple « La T. S. F. sans mathématique » (1) de L. Chrétien, j'y lis :

« Tout le monde sait obscurément ce qu'est la *résonance*. Il suffit d'avoir fait quelques parties de balançoire dans sa jeunesse pour avoir fait la connaissance avec elle.

« Pour obtenir l'entretien du mouvement d'une balançoire, il suffit de donner de faibles impulsions *dans le bon sens et au moment voulu*. L'enfant acquiert très vite cet instinct particulier.

« Il serait inutile et fatigant de vouloir communiquer l'amplitude maximum à l'escarpolette dès le premier mouvement. On commence par une petite impulsion et il se produit une première oscillation très faible. La seconde impulsion est donnée dans le cours de la première oscillation et en augmente légèrement l'amplitude... Ainsi, à chaque oscillation, l'amplitude s'accroît et atteint bientôt une valeur impressionnante.

« On sait que la « période » de la balançoire est parfaitement déterminée et que c'est perdre son temps et ses forces que de vouloir lui imposer un autre rythme que le sien... Il s'agit d'un phénomène de résonance. »

Et pour le prouver, l'auteur, M. L. Chrétien, nous décrit une expérience d'une réalisation simple :

---

(1) Etienne Chiron, éditeur, Paris.

« Soit une tige à laquelle nous fixons une série de pendules dont les longueurs de fil sont différentes. Longueurs différentes, cela veut dire : périodes de vibrations diverses, car plus un pendule est long et plus longue est sa période.

« A chacune de ces longueurs correspond donc une période, ou, si l'on préfère, une fréquence d'oscillation différente.

« A une extrémité de la tige horizontale, donnons une série de chocs réguliers avec un marteau. A chacun de ces chocs, nous observerons une impulsion des pendules qui amorcent des oscillations. Si les chocs sont donnés suivant un rythme tout à fait irrégulier, nous observons qu'aucun pendule n'oscille régulièrement. Mais astreignons-nous maintenant à donner des chocs en synchronisme avec l'oscillation d'un des pendules. Nous observerons que l'oscillation du pendule correspondant *se précise immédiatement*. Chaque impulsion étant donnée au même moment de la période et dans le sens convenable, l'amplitude prend une valeur considérable. Les autres pendules demeurent pratiquement immobiles. Parmi les cinq ou six pendules suspendus, il n'en est qu'un seul dont le mouvement soit régulièrement entretenu.

« Par la seule action du phénomène de résonance, nous avons pu sélectionner le mouvement d'un pendule *et d'un seul* ; et l'énergie communiquée par chacun des chocs, au lieu de se dépenser au hasard, s'est accumulée dans un mouvement bien défini. »

Mais M. L. Chrétien, que je cite si longuement parce que je juge inutile de redire autrement ce qu'il a si excellemment exprimé, nous invite, au sujet de la résonance, à une autre expérience qui, pour nous autres radiesthésistes, présente le plus haut intérêt :

« Reprenons, dit-il, notre barre de bois à laquelle nous avons fixé toute une série de pendules. Ajoutons encore un pendule dont nous pourrons régler la longueur du fil de suspension. Notons encore une fois qu'en modifiant la longueur, nous modifions en fait la fréquence du mouvement vibratoire.

« Ce pendule supplémentaire est placé à l'extrémité de la barre. Donnons-lui *exactement* la longueur de l'un quelconque des autres pendules. Pour l'instant, tout est au repos. Ecartons avec précaution ce dernier pendule de la position d'équilibre, sans bouger les autres, et rendons-lui la liberté. Il oscille. Nous observerons alors que le pendule dont la longueur est égale, amorce lui aussi, un mouvement. Ce mouvement s'affirme peu à peu et ne tarde pas à prendre une amplitude notable. Les autres pendules demeurent au repos. Ils amorcent parfois un léger mouvement, mais celui-ci s'arrête aussitôt. Bientôt le premier et le second pendule de même longueur, oscillent en accord parfait et ils s'arrêteront ensemble. Que s'est-il passé ? Le premier pendule a transmis de légères impulsions à la barre de bois. Si légères, qu'elles sont invisibles et même insensibles, les impulsions ont été transmises à tous les pendules ; seulement elles n'ont point, si l'on peut dire, trouvé partout un terrain favorable. La *résonance* n'a pu se produire que pour un seul pendule. Mais, pour celui-ci, l'énergie transmise n'a point été perdue, elle s'est accumulée et traduite par un mouvement dont l'amplitude a été croissante.

« Cette expérience, conclut M. L. Chrétien, a le mérite de nous faire exactement comprendre le mécanisme de la résonance. *Il s'agit d'une accumulation de petits effets qui arrivent précisément au moment convenable*. En fait, à l'aide de la résonance, nous avons réalisé exactement *la sélection d'un mouvement vibratoire*. C'est le même phénomène qu'on applique dans un récepteur de T. S. F. »

Or, nous avons vu précédemment que toute vibration, selon la physique la plus orthodoxe, troublait le champ gravifique normal en créant une « pression de radiation » à laquelle la personne humaine est sensible. Cette pression, comme la radiation elle-même, ne peut être que rythmique, et les petits réflexes musculaires qu'elle engendre en nous auront par conséquent même rythme ou même fréquence que la radiation envisagée, et ainsi ils ne seront pas autre chose que les « légères impulsions, si légères qu'elles sont invisibles et même insensibles » dont L. Chrétien vient de parler, impulsions activant seulement le pendule qui, par sa longueur a même fréquence qu'elles et peut *résoner* avec elles.

Ainsi donc, comme on l'a certainement déjà compris, pour utiliser le pendule comme *sélectionneur,* il convient de le régler avec la plus grande précision afin de lui donner l'état de résonance avec le rythme spécifique, l'impulsion déterminée que nous communique la radiation ou les champs de force du corps détecté.

M. Voillaume, ingénieur E. P., et radiesthésiste notoire, nous propose toute une série de réglages pendulaires appliqués aux corps simples, et qui, d'après lui, correspondraient aux longueurs d'onde des raies spectrales les plus vives de chacun de ces corps, de 0,40 à 0,70. Il nous prévient que les longueurs de fil qu'il indique ne sont valables que pour un pendule homogène de 31 m/m. 5 de diamètre, et d'un poids de 40 grammes, comme celui qu'il a fait breveter (1) et que, pour certains opérateurs, il y a lieu de donner aux chiffres indiqués, une correction de décalage personnel qui ne saurait excéder 1 m/m. au maximum. Il conseille de prendre une longueur de pendule égale ou supérieure à 150 m/m., car, dit-il, « plus cette longueur est grande et plus l'identification du corps est sûre », et pour une bonne prospection d'un corps, d'utiliser « successivement trois ou quatre longueurs de fil différentes » parmi celles indiquées pour un même corps.

Nous donnons ici, à titre documentaire, avec le nom et le symbole de quelques corps simples, les plus connus, les réglages millimétriques fournis par M. Voillaume. Ceux qui voudraient en avoir la nomenclature complète pourront s'adresser à la Maison Deyrolle, 46, rue du Bac, Paris (7°).

Pour les corps composés, on peut régler le pendule soit sur un de leurs composants, soit sur la radiation résultante propre au corps composé.

CORPS SIMPLES   REGLAGES MILLIMETRIQUES
SYMBOLES   NOMS

Al.	Aluminium :	196.90	164.40	101.25	62.60	
Sb	Antimoine :	186.40	154.85	117.25	84	
Ag	Argent :	148.65	133	101.60	76.10	
As	Arsenic :	192.20	160	119.30	70	
Cl	Chlore :	147.30	133.50	125	110	108.60
Cu	Cuivre :	167.90	163	133.50	126.65	100.60
Sn	Etain :	210	169	156.15	140.50	93.55
Fe	Fer :	212.70	196.95	182.95	157.80	140.15
Mn	Manganèse :	182.80	110.25	106.30	77.35	
Ni	Nickel :	192.60	174.75	149.30	125.15	112.60
Au	Or :	199	171.30	160.30	134.25	108.50
Pt	Platine :	171.75	149.20	138.60	123.80	
Pb	Plomb :	223	181.50	157.35	143	120.50
S	Soufre :	201.65	160.50	157.15	146.35	133.20
Zn	Zinc :	204.45	187.90	174.80	115.20	109.50

---

(1) Fabriqué par les Etabl. Deyrolle, 46, rue du Bac, Paris (7°).

Pour ma part, plutôt que de se référer sans contrôle personnel aux réglages Voillaume, il me semble plus sage que chacun établisse *expérimentalement* ses longueurs de pendule pour chaque corps simple ou composé. Pour cela, il convient de se procurer soit à la Maison Deyrolle déjà citée, soit à la Maison de la Radiesthésie, 16, rue Saint-Roch, à Paris, des témoins des corps simples ou composés que l'on désire étudier ou prospecter. On place le corps pour lequel on veut établir la résonance pendulaire, sur son bureau, puis on pose sur lui l'index gauche, tandis que très lentement le pendule glisse dans la main droite, jusqu'à l'instant précis où l'on perçoit le départ d'un balancement qui va aller en s'accroissant, et qui indique, s'il est juste et objectif, que le point de résonance a été trouvé.

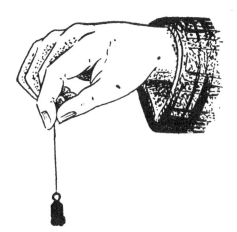

Figure XV

Plutôt que de poser l'index gauche sur le témoin, on peut utiliser un procédé plus scientifique encore, bien que moins simple et moins à la portée du plus grand nombre : relier par un fil électrique souple, l'électrode où est placé le témoin à une électrode-casque qui vient se situer sur la zone cérébrale à l'intersection d'une ligne partant du nez et d'une autre rejoignant les parties externes des deux sourcils ».

Si après une première longueur de résonance pendulaire, on continue pour un même corps étudié, à faire glisser le fil de suspension, on trouvera en général plusieurs longueurs de fil où le pendule *partira* ; mais parmi celles-ci, il en est une où le mouvement pendulaire sera plus accusé, la mise en train plus rapide ; on pourra la considérer comme étant la *longueur fondamentale,* alors que les autres ne sont que des *harmoniques.* Mais avant de noter, pour un corps, les différentes longueurs de résonance, en soulignant la *fondamentale,* il y aura lieu d'expérimenter un nombre important de fois, et de ne tenir compte que des longueurs constantes, que l'on s'efforcera de préciser de plus en plus, jusqu'au dixième de millimètre et même au delà si possible.

Dans ce travail, long et fastidieux peut-être, mais absolument nécessaire si l'on veut faire *quelque chose de bien* en radiesthésie, je suis loin de méconnaître les dangers d'erreurs dûs soit à la suggestion, soit à de faux mouvements qui lancent le pendule sans influence objective et que l'on amplifie ensuite inconsciemment. Surtout dans les débuts, il est très difficile d'éviter ces écueils ; j'ai connu nombre de gens qui ont abandonné ces études pourtant passionnantes et seules capables de réformer la radiesthésie et de la sortir de son lit de routine ou de fausse science où elle s'enlise, parce qu'ils étaient littéralement découragés au bout d'un certain temps, long parfois, de n'obtenir aucune mesure constante dans les longueurs de fil pour des corps considérés. J'ai longtemps réfléchi sur le moyen qui permettrait à la fois de prouver la valeur de la résonance pendulaire en radiesthésie, et de la déterminer avec certitude et constance. Je crois avoir enfin trouvé un appareil, que j'ai appelé « *Résonateur réfléxométrique* » et qui peut rendre les plus grands services. J'en donne immédiatement la description qui est parfaitement à sa place ici, puisqu'il s'agit d'un instrument à pendules multiples que chacun pourra essayer de construire.

Cet appareil comprend une sorte de petite cuve rectangulaire en verre dont le rôle est de soustraire les pendules à toutes influences de courants d'air qui pourraient les mettre en branle. Cette cage de verre aura les dimensions d'environ 25 cm. de hauteur, sur 15 à 18 cm. de largeur et 25 cm. de longueur ; on la disposera elle-même, très horizontalement à l'aide d'un niveau d'eau, sur une couche de sable fin, afin d'éviter toute trépidation à l'ensemble. D'un bord à l'autre, dans le sens de la longueur, une tige coulissante en ébonite supportera trois pendules légers dont les fils de suspension seront fortement enroulés autour de la dite tige, de façon qu'avant toute intervention les trois pendules aient respectivement 3, 6, 9 cm. de fil en suspens. En posant la main droite au centre de la tige qu'on tiendra entre le pouce et l'index, on fera très lentement tourner la tige pour que se déroulent les fils. (Il est bien entendu que, pendant ce temps, la main gauche est posée sur le témoin mis au vibro-activeur afin que l'organisme vibre à la fréquence du témoin et impose sa résonance au pendule arrivé à la longueur de fil voulu.) Quand l'un des trois pendules, continuellement et lentement descendus, se met à commencer des oscillations précises, tandis que les autres restent inertes, il y a lieu par de prudents tâtonnements en plus et en moins dans la longueur du fil, d'obtenir le point précis de réglage où les oscillations sont les plus nettes et les plus amples. On notera alors la longueur très exacte de suspension du pendule considéré, et on l'inscrira en regard du témoin étudié.

Une fois que l'on aura constitué ainsi sa table personnelle d'étalonnage, il suffira, pour prospecter, de mettre immédiatement le pendule à la longueur voulue. Il sera ainsi dans la meilleure position d'ébranlement pour un corps donné, ce qui procure déjà un premier moyen de sélection.

C

DES MOUVEMENTS PENDULAIRES

La plupart des traités — y compris mon premier (1) — distinguent quatre grandes classes d'états pendulaires :

1° *La Giration Positive,* ou dans le sens des aiguilles d'une montre ;

2° *La Giration Négative,* ou dans le sens anti-horaire ;

3° *L'Oscillation* ou balancement pendulaire rectiligne actif dans le sens où se produit la pulsation qui l'entretient ; passif dans le sens du retour où jouent uniquement les forces de pesanteur et de Kynésie ;

4° *L'Inertie* à la verticale du point d'appui.

Tous les auteurs font un sort particulier à chacun de ces états et veulent en tirer des indications radiesthésiques précises.

Pour certains, ces états auraient une valeur indicative objective et universelle. C'est ainsi que la *Giration positive* indiquerait la polarité positive soit du sourcier, soit du corps détecté (nous avons vu ce qu'il fallait penser de la polarité). Dans d'autres cas, elle signifierait la valeur thérapeutique d'un produit, ou bien l'accord de résonance entre deux corps.

La *Giration négative,* à l'encontre de la précédente, marquerait évidemment la polarité négative des corps, puis la mauvaise qualité thérapeutique, et la dissymétrie vibratoire entre deux corps.

L'Oscillation entre ces deux girations opposées, serait en quelque sorte le mouvement de la neutralité ; neutralité toute relative d'ailleurs suivant que l'oscillation se dirige en face, à gauche ou à droite du pendulisant : en face = neutralité totale ; à gauche, neutralité à tendance contraire ou malfaisante ; à droite, neutralité à tendance similaire ou favorable. L'oscillation indiquerait également dans certains cas, des directions vers les objets détectés.

---

(1) *Traité Pratique de Radiesthésie,* chez Farré et Freulon, éditeurs, Cholet ou chez l'auteur.

L'*Inertie*, lorsqu'elle est initiale et continue, prouverait que le sourcier n'étant le siège par résonance d'aucune pulsation, tout demeure dans le pendule soumis à la seule force de la pesanteur. Lorsqu'elle est consécutive, en un lieu et en un temps donné, à l'un quelconque des autres états pendulaires examinés plus haut, on considère qu'elle marque soit la sortie d'un champ d'influence, soit le fading de l'émission, soit la saturation du sujet détecteur.

Pour d'autres sourciers nombreux, avec à leur tête Emile Christophe, les mouvements pendulaires n'ont pas de valeur absolue, objective et universelle d'interprétation. Ils ne sont, disent-ils, que l'amplification de réflexes éduqués par la répétition de mouvements *choisis* volontairement et qui auraient pu être *autres*. L'habitude ainsi créée les fait ensuite se reproduire automatiquement dans les mêmes circonstances. Cette théorie, connue sous le nom de *Convention mentale* est certainement des deux la plus proche de la vérité ; mais j'y fais cependant les quelques restrictions suivantes : malgré des mois, des années d'étude, qui pourra se flatter avec raison d'obtenir de ses réflexes une diversité et une fixité assez grandes pour que, suivant les circonstances, naissent ou s'amplifient soit une giration positive, soit une giration négative, soit des oscillations variées ?

Pour ma part, après avoir beaucoup étudié et expérimenté, je me suis convaincu, et j'en ai convaincu d'autres, que toute cette diversité de mouvements, cataloguées d'après des théories objectives ou subjectives, était aussi gênante qu'inutile ; et, aujourd'hui, je me permets, avec la certitude absolue de ne pas me tromper, puisque mes constatations portent sur plus de soixante radiesthésistes, d'affirmer qu'*aucun mouvement pendulaire, qu'on prétende qu'il soit créé objectivement ou par Convention, n'a de valeur réelle par lui-même ; ce qui compte en radiesthésie, ce n'est pas tel ou tel mouvement, mais bien le passage d'un état pendulaire quel qu'il soit, à un autre.*

On capte vraiment l'influence du corps étudié ou cherché, lorsque le pendule tenu par une main expérimentée, et réglé en longueur pour le corps considéré, quitte soit une position d'inertie, soit un mouvement initial imposé pour n'importe quel autre mouvement. Pour que tout soit clair dans les esprits, donnons des exemples : — si mon pendule, réglé sur le corps à étudier ou à détecter, est immobile entre mes mains, le premier mouvement que je constaterai (balancements ou girations diverses) m'indiquera que je capte le champ de force de ce corps. — Si je balance volontairement mon pendule en oscillations rectilignes, la première déviation que j'observerai dans le mouvement (l'une ou l'autre des girations) m'indiquera également que je capte le champ de force. — Si je lance volontairement mon pendule en lui imprimant indifféremment l'une ou l'autre des girations, la première déviation du mouvement initial, soit en oscillations soit en girations inverses, m'indiquera que je capte le champ de force.

Bien entendu, il y a lieu de choisir un point de départ : immobilité, balancements ou girations horaires ou anti-horaires et de s'y tenir constamment ; l'interprétation sera grandement facilitée, et plus sûr le réflexe musculaire qui rompra le premier état pendulaire au bénéfice d'un second quel qu'il soit (saul le retour à l'inertie). Comme on le voit, le pendule dans ces conditions n'est, en radiesthésie, qu'un *sismographe* qui enregistre des secousses musculaires plus ou moins importantes, mais toujours infiniment petites, lorsqu'il est réglé pour résoner à leurs fréquences.

Je demande instamment à mes lecteurs de me faire confiance et d'essayer cette nouvelle méthode plus rationnelle que toutes les autres, et pour laquelle il n'y a qu'*une seule convention mentale* à poser, qu'un automatisme à obtenir par le travail : le changement du mouvement pendulaire initial. Comme il est plus facile de ramener ses efforts vers la simplicité que de compliquer ses labeurs, ils verront très vite leur pourcentage de réussites s'augmenter sensiblement. Je serais heureux s'ils me fournissaient, après éducation suffisante de ce nouvel et unique automatisme leur opinion très sincère sur la meilleure ou la moins bonne qualité des résultats obtenus. Ils trouveront pour cela mon adresse à la fin de ce livre ; mais je crois être certain d'avance du résultat.

D

LES TÉMOINS

En radiesthésie, on appelle habituellement *témoin* ou *syntoniseur,* un corps dont on se sert pour la recherche ou l'étude d'un autre corps, parce qu'il peut entrer en résonance avec lui, soit par *similitude,* soit par *identité.*

Il est bon d'établir immédiatement la distinction fondamentale entre les expressions de *similitude* et d' *identité.*

La résonance par *similitude* est une résonance imparfaite entre deux corps présentant les mêmes caractères essentiels mais différant par des variétés ou des suppléments d'ordre secondaire. C'est ainsi qu'une eau *calcaire* fera vibrer par résonance de similitude une *eau pure,* ou vice-versa ; mais l'état de résonance n'existera réellement qu'entre certains éléments, primordiaux, de ces deux corps : H_2O. La partie *calcaire* du premier, par exemple, ne trouvera pas d'écho dans la deuxième, et ne pourra pas être découverte par son truchement. Le pendule réglé sur le « calcaire » de la première eau, ne réagira pas sur l'*eau pure.* Ceci tombe sous le sens et n'a pas besoin d'explications complémentaires. Mais la résonance par similitude est loin d'être toujours aussi apparente, car cette dernière peut ne pas exister entre les corps eux-mêmes, mais seulement dans leurs fréquences par une ou plusieurs de leurs harmoniques qui, on le sait, sont les oscillations de fréquences triple, quintuple, etc., qui se produisent simultanément et se superposent en quelque sorte à la vibration fondamentale d'un corps. C'est ainsi qu'on pourra obtenir des résonances, captées pendulairement, par similitude de vibrations harmoniques entre un son et une couleur, un organe et un son ou une couleur, un métal ou une plante et un son ou une couleur ou un organe, etc...

La résonance par *identité* est une résonance *parfaite* et *complète* entre deux corps présentant les mêmes caractères à la fois essentiels et secondaires, sans variété et sans supplément chez l'un ou chez l'autre. Nous en trouverons l'exemple dans des eaux calcaires ayant le même degré hydrotimérique et qui seraient pures par ailleurs. Que l'on prenne l'une ou l'autre de ces deux eaux comme point de départ de la résonance, aucune des parties de la seconde n'échappe au phénomène de la vibration provoquée par la première. Le pendule, réglé successivement sur chacun des composants du « *résonateur* » réagira à chacun de ces réglages au-dessus du « résoné ».

Mais dans quelles conditions un corps peut-il être utilisé comme témoin ?

Si deux cordes de violon accordées sur le *la* demeurent à l'état de repos, aucun phénomène de résonance ne se produit chez la deuxième, car il n'y a aucune vibration chez la première, mais si l'une d'elles est mise en *activité vibratoire* soit par l'archet soit par un pincement de doigt, l'autre se met immédiatement à vibrer par résonance. Il en est de même pour tous les corps, et nous pouvons considérer comme acquis, après maintes observations expérimentales, que tout corps enfoui dans la terre et participant, de ce fait, aux courants telluriques, est en état d'activité vibratoire normale, que tous viscères, tous organes, tous tissus, tous microbes contenus dans un être humain ou animal vivant et participant ainsi aux courants qui ont été exposés dans la *Partie subjective de la Radiesthésie* sont en état d'activité vibratoire normale et susceptibles, par conséquent, de mettre en résonance un corps semblable ou identique.

Par contre, tout corps non enfoui dans la terre, tous viscères, tous tissus, tous organes retirés d'un être humain ou animal et morts par conséquent, toutes cultures microbiennes tuées, etc., sont à l'état de repos vibratoire. Ils ne peuvent donc pas servir de résonateurs mais seulement de *témoin* ou *syntoniseur* ; à moins, toutefois, de leur créer artificiellement une activité vibratoire propre, en les plaçant dans le champ électro-magnétique, soit de l'électro-vibreur dont nous avons parlé précédemment, soit d'un appareil dont nous parlerons au chapitre de la radiesthésie médicale (1).

Si le syntoniseur est tenu soit dans la main gauche soit dans la main droite, il fournit à nos réflexes musculaires, lorsqu'il subit la résonance d'un corps semblable ou identique, le rythme qui met en branle notre pendule accordé, en même temps qu'il nous sert de bouclier contre tout rythme approché qui pourrait émouvoir le pendule par notre truchement.

---

(1) L'Esthésiomètre.

Si on pose le syntoniseur soit sur un sol neutre, soit sur un support quelconque et que nous tournions autour, il nous premettra de percevoir le *sens d'arrivée*, la *direction* des pulsations rythmiques qui le mettent, s'il y a lieu, en résonance.

Nous considérons que les principaux témoins qu'un pendulisant ou un baguettisant doit posséder sont les suivants :
Eaux :
> Eau distillée ;
> Eau potable ordinaire ;
> Eau calcaire ;
> Eau polluée de matières organiques ;
> Eau microbienne ;
> Principales eaux minérales.

MINERAUX ET CORPS SIMPLES

Fer, Aluminium, Nickel, Argent, Cuivre, Etain, Blende, Manganèse, Cobalt, Arsenic, Or, Sodium, Magnésium, Chlorure de sodium, Bismuth, Chrome, Pétrole brut, Potasse, Chaux, Mercure, Cinabre, Phosphate, Zinc, Stibine, Plomb, Soufre, Galène, Carbone, Platine, Antimoine, Silex, Kaolin, Ardoise, Pyrite de fer, Chalcopyrite, etc...

COULEURS

Noir, Blanc, Violet, Indigo, Bleu, Vert, Jaune, Orange, Rouge, Jaune paille, Lilas, Rose, Vert d'eau, Brun foncé, Mauve.

Nous avons jusqu'ici parlé seulement du témoin physique qui, à notre sens, est de beaucoup le plus sûr et le plus important ; mais nous savons que certains confrères n'admettent pas cette explication, et ne veulent voir dans un témoin qu'un support de la pensée détectrice, un moyen de concentrer l'attention sur un corps déterminé. Ils vont même jusqu'à dire que *couleurs* ou *réglages* n'ont de valeur que dans la mesure où notre *convention mentale* personnelle leur en a donné. Ce point de vue me paraît absolument faux. Pour le réglage, nous croyons en avoir démontré suffisamment l'importance pour n'y plus revenir ; quant aux couleurs, comment admettre en même temps chez un même auteur — M. Christophe par exemple — ces deux théories contradictoires : « En proclamant l'impérieuse nécessité de la *Convention mentale* la même clarté se répand sur tous les systèmes basés sur les couleurs, les réglages, etc... » puis, parlant des ambiances curatives : « Je crois qu'en premier lieu, on tiendra compte des radiations des couleurs, on sait que telles personnes, hypersensibles, ne peuvent supporter certaines teintes dominantes et qu'elles en éprouvent de véritables malaises. Il sera désormais facile de trouver pour chacun de nous les couleurs les plus favorables, bien adaptées à nos mystérieux besoins (1) ».

De deux choses l'une : si les accords ou les désaccords obtenus avec les couleurs ne le sont qu'à la suite de *Convention mentale,* en quoi peuvent-ils être bénéfiques ou gênants, voire même dangereux ? S'ils le sont, *uniquement pour ceux qui en auraient convenu* (d'après la première théorie), il devrait suffire de convenir l'inverse pour voir une couleur qui était nocive devenir curative ? Je crois qu'il est inutile d'insister sur l'inconsistance d'une pareille théorie. Je crois bien plutôt que M. Christophe reconnaît subconsciemment les possibilités d'accord ou de désaccord physique entre les corps qu'ils soient métaux, minéraux, plantes, vibrations sonores ou lumineuses, etc. ; mais qu'en plus de cet accord sur le plan physique, il admet le « témoin mental » c'est-à-dire la résonance d'un corps avec le pendule (réglé inévitablement pour faire un travail sérieux), par le truchement de la *représentation mentale* que nous nous faisons d'un corps ou d'une onde ; or, dans ce cas-là, il est possible que *n'importe quelle couleur prise au hasard* et pour laquelle *on convient* qu'elle représente l'eau calcaire, par exemple, puisse, après un certain nombre d'expériences, servir à créer le « *témoin mental* » et être ainsi *indirectement* une cause de syntonisation.

Beaucoup de lecteurs doivent déjà lever les épaules, incrédules, mais qu'ils lisent ces observations intéressantes que la neuro-psychologie expérimentale nous apporte avec Pawlow :

« Les animaux gardent une sorte de mémoire inscrite en leur chair : tel chien qui a été habitué à voir l'aliment qu'il aime et qui le fait saliver lui être apporté tandis que sonne une cloche ou que s'allume une lampe, présente son réflexe salivaire quand on déclanche le bruit ou la lumière, même sans rien lui donner de sapide. Et ce réflexe conditionnel est si précis, si nuancé, que nulle eau ne lui viendra à la gueule si l'on change de quelques vibrations la qualité du

---

(1) *Tu seras Sourcier,* chez E. Christophe, 85, rue des Murlins, Orléans (Loiret).

son, ou si l'on modifie la couleur de la lampe. La pathologie humaine est riche de faits qui sont du même ordre ; sans du reste qu'il soit besoin d'une longue répétition pour que s'installe encore un réflexe conditionnel... » (1).

Dira-t-on encore qu'il est vraiment inadmissible ou seulement téméraire de supposer qu'un phénomène du même ordre puisse jouer en radiesthésie ?

Mais — et nous insistons sur ce point — si par l'habitude une association peut s'établir entre une *excitation extérieure* et un réflexe dont elle n'est pas la cause coutumière et normale, il est vain de croire qu'on peut faire de *n'importe quoi*, le syntoniseur de *n'importe quoi* par simple convention mentale. C'est là une erreur grosse de conséquences désastreuses et que nous nous devons de stigmatiser fortement, surtout depuis que nous l'avons vue, présentée sous la signature de M. Antoine Luzy dans sa « Radiesthésie Moderne » (Dangles, éditeur) comme le fin du fin et l'unique façon d'admettre le rôle du témoin qui serait simplement autosuggestif. « La Convention mentale, dit-il, régit essentiellement l'emploi des *témoins,* merveilleux accessoires de la recherche et dont le rôle est exclusivement conventionnel et purement sélectif... Si donc, par exemple, on veut chercher un objet en argent, caché ou perdu, on confectionne un témoin artificiel au moyen d'un petit morceau de papier fort sur lequel on écrit : « Témoin-Argent », lequel remplira le même office qu'un morceau d'argent... Un témoin n'a donc de lui-même aucun pouvoir particulier et reste sans influence pendant une recherche jusqu'au moment où, par l'auto-suggestion, fournie par l'expression du désir, on lui confère la propriété d'adjuvant dans la recherche. Son action est alors déterminante et résulte uniquement de la Convention mentale admise par l'opérateur à son sujet. »

C'est une grave responsabilité que M. Luzy a prise de raconter dans un livre qui, par ailleurs, contient, à côté d'autres erreurs, des aperçus intéressants, des sornettes d'une telle envergure, que je vais détruire par cette simple question : Comment M. Luzy explique-t-il, si le témoin n'a qu'une valeur suggestive par convention mentale, la découverte de la nature ignorée d'un corps, en utilisant un grand nombre de témoins pris successivement et au hasard dans une boîte, et sans même regarder quelle est la nature de chaque témoin tant que l'amplification pendulaire du ré-

---

(1) *Le corps et l'âme,* du Dr R. Biot, déjà cité.

flexe avertisseur de la syntonisation n'a pas eu lieu ; la connaissance de la qualité du témoin ne se faisant qu'après ce réflexe, ainsi que la preuve de la similitude ou de l'identité du corps avec le témoin ?

Il est vrai qu'à la page 250 de son livre, M. Luzy prend soin de citer le fait qu'un jour l'Abbé Mermet, prince des sourciers comme chacun sait, « n'ayant que de l'argent pour chercher de l'or, délibère en lui-même que cet argent était de l'or, créant ainsi le rayon par simple convention mentale », et fait ainsi sa recherche.

Nul doute qu'armé d'un témoin si parfait et si conforme aux conceptions que M. Luzy nous présente comme seules orthodoxes, l'Abbé Mermet ait obtenu un plein succès, pensez-vous ? M. Luzy se charge de nous fixer lui-même avec une candeur remarquable, à la page 159 du même livre : « L'Abbé Mermet, y écrit-il, a déclaré que sur cinq cents opérations pour chercher de l'or enfoui, il n'en avait jamais trouvé. » Ce n'est vraiment pas la peine de transmuter l'argent en or par convention mentale, pour aboutir à un pareil résultat. Mais quand on est parti sur un si beau chemin où chaque chose perd ses qualités propres pour revêtir celles que lui confère notre auto-suggestion, il faut reconnaître que bien des facilités s'ouvrent au prospecteur : un propriétaire vous a chargé de chercher de l'eau potable dans son domaine ? Vous vous y rendez avec vos instruments et un petit bout de carton fort sur lequel vous écrivez : « Témoin - eau potable. » Aidé de ce précieux adjuvant, vous parcourez la propriété ; soudain, vos instruments réagissent grâce à la qualité du témoin employé. Tout est désigné : lieu, profondeur, débit, potabilité de l'eau. Tout le monde se quitte, satisfait. Mais quelques semaines plus tard, le propriétaire vient vous avertir que le puits, ayant dépassé largement la profondeur indiquée ne fournit pas d'eau. C'est là que votre beau rôle commence, *prospecteur à témoin en carton* Tandis que nous sommes obligés dans un cas semblable, de reconnaître notre erreur, avec humilité vous regardez le propriétaire, et lui demandez : « Qu'avez-vous trouvé à la profondeur indiquée ? » — « Du silex ! » — « Eh bien, cher Monsieur, de même que mon *témoin-papier* était de l'eau par convention mentale, le silex trouvé est également de l'eau par l'opération de la même convention mentale ! »

Si le propriétaire, après cette explication rationnelle et logique, ne vous offre pas, en partant, une petite gratification, c'est qu'il est d'esprit obtus et chagrin et ne comprend rien aux miracles de la suggestion.

Quant à vous, lecteurs, pourquoi ne feriez-vous pas un essai loyal et même prolongé du *Carton-Témoin-Suggestif* ? Histoire de rire ! Cela délasse un peu ; puis on ne perd jamais son temps quand on fait la preuve qu'une idée est fausse et qu'il faut la rejeter. Comme disait Barrès, quand il était arrivé au bout d'une expérience qui l'avait déçu : « Encore un citron de pressé ! » Et il passait à autre chose, c'est un droit qui ne vous sera pas contesté.

BIOLOGIE

Après ce large tour d'horizon dont on aura, du moins je l'espère, compris tout l'intérêt théorique et pratique, reprenons le cours de notre exposé de Radiesthésie biologique.

Les livres ne manquent certes pas sur cette question. Une diversité imposante de méthodes vous sollicite, ayant valeurs et commodités inégales. J'en ai déjà exposé plusieurs dans mon *Traité Pratique de Radiesthésie,* et je les rappellerai à nouveau dans ce volume à titre documentaire, puis pour ceux qui ne posséderaient pas mon premier ouvrage ; mais mon effort sera surtout, en me basant sur certaines règles scientifiques que des instruments physiques ont récemment confirmées et rendu objectives, de tendre vers une unité de méthode qui permettra de confronter et de comparer des résultats présentés avec une même unité de mesure quel que soit l'opérateur.

Mais avant d'aller plus loin, il ne nous semble pas inutile de préciser immédiatement une question légale, en voyant ensemble quels sont les droits du Radiesthésiste médical, et les limites de ces droits.

Par radiesthésiste médical, je n'entend évidemment pas le médecin qui, s'il pratique notre art, devient un *médecin radiesthésiste,* avec toutes les prérogatives attachées à son premier titre ; mais l'auxiliaire pendulisant entraîné et sérieux, que beaucoup de docteurs peu doués ou ne disposant pas d'un temps suffisant pour pratiquer des examens, recherchent soit pour lui adresser des clients quand il désire avoir les renseignements pendulaires sur un cas difficile, soit pour recevoir les clients envoyés par le radiesthésiste, et apportant avec eux l'examen pendulaire qui leur a été fait préalablement.

Afin de ne pas errer dans une question de légalité où notre compétence personnelle est forcément restreinte, nous avions demandé à notre ami, M° Charles Brouard, avocat à la Cour d'Appel de Paris, ancien et nouveau président de l'A. A. R., et spécialiste éminent de ces questions, les précisions suivantes :

« Le fait de noter l'état de santé des gens à l'aide de la radiesthésie, autrement dit le diagnostic médical, est-il illicite et constitue-t-il un délit de médecine illégale ? S'il ne l'est pas, peut-il être rétribué ? »

Avec son amabilité coutumière, M° Brouard voulut bien nous donner alors une réponse très claire dont voici l'essentiel :

— La loi du 30 novembre 1892, qui constituait jusqu'à ces derniers temps la Charte de la Médecine, a été modifiée par la loi du 26 mai 1941, de telle sorte qu'exerce illégalement la médecine : 1° toute personne qui, sans remplir les conditions imposées par les lois et règlements en vigueur pour être admise à exercer la profession de médecin, de dentiste ou de sage-femme, prend part, habituellement ou par une direction suivie, au *traitement* des maladies ou des affections chirurgicales, à la pratique de l'art dentaire ou à celle des accouchements, sauf les cas d'urgence avérée ; 2° toute personne qui, sans être munie du diplôme de docteur en médecine, ou de chirurgien-dentiste en ce qui concerne d'odontologie, utilisera les rayons Roentgen *dans un but de diagnostic ou de thérapeutique...*

Du temps de l'ancienne loi, la formule suivante avait été lancée : Il n'y a pas de traitement médical sans diagnostic préalable du médecin. Le diagnostic fait donc partie du traitement et participe du monopole. C'était un moyen de tirer à soi la couverture ; et cependant le diagnostic et le traitement sont deux éléments bien distincts. On peut diagnostiquer sans traiter, et l'on peut également traiter sans diagnostiquer, c'est ce que font tous les jours les aides des médecins, infirmiers ou autres. On peut aussi unir, au mieux de sa science et de sa conscience, diagnostic et traitement, c'est en principe le rôle habituel du médecin. Dès avant 1941, le diagnostic était certainement libre, du fait que la loi ne réservait que le traitement. Cependant une certaine prétention au monopole s'était instaurée, aidée parfois par un élargissement abusif du champ d'application d'un texte pénal d'interprétation stricte. Fort heureusement, la nouvelle rédaction de l'article 16, dans son paragraphe 2, est venue donner la preuve évidente que le législateur sait la différence entre le diagnostic et le traitement. Cet article a trait à la radiologie inconnue en 1892 et d'usage courant en 1941. Les radiations en sont dangereuses par leur pouvoir nécrosant. Le législateur a marqué là, de la manière la plus nette, la distinction des buts diagnostique et thérapeutique ; or, il n'aurait pas eu à distinguer le diagnostic du traitement s'il avait considéré que le diagnostic s'y incorporait. De plus, si le législateur réserve spécialement un mode de diagnostic aux seuls médecins et chirurgiens-dentistes en raison de son danger particulier, il crée, ce faisant, au principe général de la liberté des diagnostics, une exception déterminée qui confirme la règle. Il suit de là que le travail, parfaitement honorable, d'un radiesthésiste aux fins de diagnostic, peut être rétribué.

Ainsi nous parlait M° Brouard en 1944, et ce point de vue continua d'être valable jusqu'en septembre 1945, date où paru à l'*Officiel* une ordonnance redonnant explicitement aux médecins le monopole du diagnostic. Aujourd'hui, et probablement pour longtemps, le diagnostic médical est donc interdit par la loi aux non-médecins. Il serait vain de critiquer le bien-fondé de cette décision. Elle est, et il faut s'y soumettre sous peine de sanctions pénales graves.

Pour ma part, cette disposition nouvelle de la loi ne me gêne nullement. J'ai toujours considéré qu'un radiesthésiste non-médecin ne devait pas interpréter son travail et en tirer des conclusions médicales qui supposent des connaissances que le radiesthésiste possède rarement.

C'est pourquoi nous conseillons vivement à nos confrères de produire, non pas des diagnostics médicaux, mais des procès-verbaux de leurs expériences formant une étude physique préparatoire au diagnostic, sans conclusion ; une instruction dont le jugement et l'exécution sont prérogatives de médecin.

Nous présenterons d'ailleurs plus loin divers modèles de fiches d'examen qui donneront l'aspect que doivent avoir ces procès-verbaux pour qu'ils ne soient ni dans la forme, ni dans le fond, des diagnostics. La grande règle à retenir et à appliquer, c'est encore M° Brouard qui nous la donne : « *Physicien, pas médecin* ».

A nous d'y conformer notre conduite, et si nous agissons ainsi, comment l'Ordre des Médecins et les tribunaux pourraientils entraver l'exercice de notre art ? Ni légalement, ni moralement, on ne peut empêcher les malades ou leur famille de demander un examen radiesthésique au praticien qui leur convient, puis de le porter ensuite à un docteur connu pour accorder à ces analyses physiques une attention qui d'ailleurs ne doit pas être exempte de sens critique.

Parce que la Faculté de Médecine n'admet pas présentement la radiesthésie, il nous serait interdit d'y avoir recours ? Que l'on n'oublie pas qu'à côté du droit des médecins et de leurs intérêts très légitimes, il y a celui de la personne humaine, et que le premier cesse au moment où l'autre commence. Et ce dernier procède d'une loi naturelle qui domine de très haut les lois écrites. « Le préambule de la Déclaration des Droits de l'Homme parle « des droits inaliénables et sacrés auxquels aucune loi ne saurait porter atteinte », définissant ainsi cette part de liberté qui appartient à chaque homme en tant qu'homme, et à laquelle l'Etat ne saurait être fondé à porter préjudice, et posant une limite sacrée aux empiètements du pouvoir, affirmant la valeur absolue de la personne humaine : Charte de l'*antitotalitarisme*, en face de tout *totalitarisme*, quel qu'il soit. » (D'après le *Figaro* du 29 mars 1946.)

Le droit indiscutable du malade est donc de se soigner comme il l'entend, en se confiant au médecin qui accepte d'utiliser ou de prendre connaissance des méthodes d'investigation que le client désire, qu'elles soient ou non enseignées par la Faculté.

Oh ! je sais bien ce que l'on va nous répondre : *La loi se préoccupe avant tout de la santé publique !*

Si nous avions envie de rire, nous répliquerions que le malade se préoccupe avant tout de sa santé privée ; mais nous préférons goûter la saveur quelque peu hypocrite de cette réponse faite dans un pays où le droit au suicide par n'importe quel moyen est reconnu implicitement puisqu'en fait comme en droit aucune action judiciaire n'est intentée contre les rescapés de la « mort volontaire ». Ainsi, les préoccupations légales de la santé publique permettent à chacun d'entre nous de se tuer comme il l'entend, mais non de vivre et de se soigner comme il veut. O logique, que votre règne arrive...

De plus, quel danger la Radiesthésie peut-elle faire courir à la santé publique ? Nos adversaires ne se mêlent pas de préciser ; ils se contentent de hocher gravement la tête et de pointer leur index sur leur front en nous désignant :

« Ce sont, disent-ils en parlant des radiesthésistes, de pauvres illuminés qui se meuvent dans un monde imaginaire, et qu'on n'ose enfermer, car, en général, ils sont doux autant que lunaires ! » En termes nets, on veut nous faire passer pour fous.

Quant à moi, j'accepte de passer pour fou. Je le suis autant, pas moins, pas plus que ceux qui en décident. Rappelons-nous, en effet, ces paroles de Pascal qui ne passe pas pour avoir été atteint de débilité mentale : « *Dans un monde si essentiellement fou, il est fou, par un autre tour de folie, de ne pas être fou.* » Cette dernière folie est sans doute la nôtre ; acceptons-la avec allégresse, et même remercions Dieu de nous l'avoir donnée plutôt que la première, lot probable de nos adversaires.

Laissons aboyer la meute de ceux qui ne veulent pas reconnaître la technique radiesthésiste comme valable parce qu'elle n'entre pas dans leur champ propre d'investigations et qu'ils ne peuvent l'expérimenter : orgueilleux qui s'imaginent que rien n'existe hors ce qu'ils peuvent extraire eux-mêmes de connaissance dans les pauvres limites de leur petite durée et de leur minime étendue.

Qu'ils nous attaquent en laissant croire que c'est pour de nobles buts, et poursuivons avec sérénité notre chemin, même si nous sommes moqués ou persécutés, en nous rappelant la scène de la *Divine Comédie* où, aux portes de l'Enfer, Dante rencontre, lui aussi, des âmes sans relief que Virgile lui désigne par ces mots : « Tu vois les âmes tristes de ceux qui vécurent sans mériter le mépris et sans mériter la louange. Le monde n'en a gardé aucun souvenir, la miséricorde et la justice les dédaignent ; ne parlons plus d'eux, mais regarde et passe. »

La Justice, elle ne devrait plus de nos jours condamner, sur plainte de l'Ordre des Médecins ou de leurs syndicats, les radiesthésistes qui demeurent dans les limites de leur rôle de physiciens, ni les docteurs qui acceptent de considérer leurs examens et d'en tenir compte ; cependant ne soyons pas trop optimistes ; il y a contre nous une telle ligue d'intérêts, une telle meute d'étouffeurs des vérités gênantes ! Nous avons beau expliquer, démontrer, expérimenter, la réplique est toujours la même : « Nous ne comprenons pas » !

On ne comprend pas ! Ah ! Machiavel, je songe soudain à vos paroles si riches d'une délicieuse ironie : « On peut distinguer trois ordres d'esprits, savoir : ceux qui comprennent par eux-mêmes, ceux qui comprennent lorsque d'autres leur démontrent, ceux enfin qui ne comprennent ni par eux-mêmes ni par le secours d'autrui. » (Le Prince, XXII).

Suivons donc notre voie fièrement, sans reproche et sans crainte ; essuyons sans broncher les sarcasmes et même les injustices, et continuons notre œuvre en qui nous avons foi. « La bête humaine, disait Mistral, est une des plus méchantes de la création. Mais il faut faire son œuvre et son chemin quand même, et regarder l'étoile. »

Ne soyons pas de ces pauvres âmes en veilleuse qu'un rien fait trembler. Acceptons certains risques, sûrs que nous sommes d'avoir raison puisque nos réussites le prouvent ; car pour ma part j'aurais cessé depuis bien longtemps de m'occuper de radiesthésie si je n'y comptais un gros total de réussites pour quelques échecs. Personne d'ailleurs ne peut renoncer à réussir : ni le poète méconnu qui fait son œuvre comme s'il n'en attendait rien et qui pourtant écoute tout le jour si du bout de l'univers un écho par hasard ne parviendrait pas à sa plainte, ni l'anachorète qui s'isole au fond d'un désert et qui cependant sait qu'il sauve des âmes par milliers. Tous, ils ont besoin qu'un signe — et il n'en est pas d'autres que le succès — leur prouve qu'ils ont raison, leur donne la force de poursuivre un but difficile et raillé des autres hommes. Le radiesthésiste ne fait pas exception à cette loi, et c'est parce que nous savons la valeur de nos techniques que nous ne reculons pas devant certains risques. Si un jour nous sommes poursuivis, voire même condamnés par les tribunaux, consolons-nous en songeant que nous sommes en bonne compagnie, puisque la Justice,

> « *Cette vieille Thémis, humaine aux yeux bandés,*
> *Autrefois prit Jésus, joua sa robe aux dés,*
> **Le fit crucifier par le crime et le vice,**
> *Et compte Dieu parmi ses repris de justice !* »

Surtout, qu'on ne se méprenne pas, et qu'on ne veuille pas voir dans les lignes qui précèdent une attaque contre le corps médical. Pour notre part, nous avons la plus grande estime pour la plupart des docteurs que nous connaissons. Leur dévouement, leur sincérité, leur science méritent le respect de tous. Nous avons la certitude que, dans leur majorité, ils ne sont pas hostiles *a priori* aux méthodes radiesthésiques, et qu'ils ne demandent qu'à constater des faits. Ceux qui ont eu la bonne fortune de rencontrer des praticiens sérieux et entraînés dans notre art, admettent volontiers la valeur des renseignements que nous leur fournissons, et qui facilitent et leur diagnostic et leur thérapeutique.

Nous n'en voulons pour preuve, parmi tant de références que nous pourrions multiplier, que les opinions de quelques sommités du monde médical.

En premier lieu, citons ces quelques lignes qu'écrivait, peu avant sa mort, le Docteur *Meillère*, qui fut pendant plus de quarante ans membre de l'Académie de Médecine de France, et qui en devint même le président : « Je n'ai cessé de m'intéresser à la Radiesthésie depuis que j'ai pris un premier contact avec les maîtres de cette science. Malgré mon mauvais état de santé, je n'ai cessé depuis un an de m'occuper de Radiesthésie, surtout comme propagandiste dans les sociétés que je fréquente et où j'ai qualité pour faire valoir en particulier les avantages que peuvent fournir, en chimie analytique, les principes immédiats des techniques qui présentent seules l'incomparable avantage de respecter l'intégrité du corps analysé. »

Dans un de nos congrès, le Docteur *Foveau de Courmelles*, doyen des radiologues de France, lauréat de l'Académie des Sciences et de l'Académie de Médecine, proclamait : « Il arrivera sans doute à la Radiesthésie, quand elle sera entrée dans les mœurs, que l'on condamnera en cas d'erreur, comme l'on fait actuellement, dans certains cas, pour le médecin qui n'a pas eu pour s'éclairer recours aux rayons X dont l'action reste cependant si mystérieuse et si imprévisible, celui qui aura négligé de s'éclairer par la méthode radiesthésique. »

Le Docteur *Roux*, de Vichy, donne dans « Vérités sur le diagnostic radiesthésique médical » son avis autorisé : « Il ne me paraît plus possible, à l'heure actuelle, pour les médecins, de se désintéresser d'un sujet aussi brûlant d'actualité, et si utile pour nos investigations dans la recherche du diagnostic et du traitement de nos malades... La Radiesthésie est un procédé nouveau qui, s'ajoutant aux autres méthodes : recherches de laboratoire, rayons X, etc..., les contrôle et facilite au moins autant qu'elles le diagnostic clinique ; aussi chaque jour les médecins qui s'intéressent à cette passionnante question et cherchent à en pénétrer les secrets deviennent de plus en plus nombreux. Tous réussiront-ils ? Je ne le crois pas, ce serait trop beau. Certaines particularités physiques ou psychiques... peuvent les en empêcher ». Mais puisqu'il y a des radiologues, des chimistes, et de nombreux autres auxiliaires spécialisés du médecin, avec ou sans diplôme, le Docteur Roux se demande pourquoi il n'y aurait pas des spécialistes en radiesthésie médicale, qui aideraient le médecin ; et il espère qu'un avenir prochain verra leur reconnaissance officielle.

Le Docteur *Bobeau* qui est, croyons-nous, professeur d'anatomie pathologique à la Faculté de Médecine de l'Université de Bruxelles, écrivait à M. Fr. de Hemptinne, à la suite d'expériences pendulaires faites par ce dernier sur des serpents venimeux vivants et sur des organes prélevés : « Les examens microscopiques concernant de nombreuses pièces (auxquelles il est fait allusion ci-dessus) m'ont permis de constater que les résultats que vous m'aviez donnés à leur sujet se montrent pratiquement et à peu près constamment en parfaite concordance... Il est donc permis de ce fait d'entrevoir l'éventuelle utilisation du pendule comme moyen d'investigation biologique... »

Il nous semble que de ces quelques citations émanant de membres du corps médical, ayant une autorité incontestée et respectée, il ressort clairement que le parti-pris des médecins contre nos méthodes est loin d'être aussi étendu que certains voudraient le laisser croire ; et c'est pourquoi nous nous sommes élevés avec véhémence dans les pages précédentes contre la prétention de *certains* médecins d'ériger leur ostracisme personnel — souvent intéressé — en règle générale.

Cependant, et en toute bonne foi, comment, non seulement ne pas accorder des excuses, mais ne pas décerner des louanges aux médecins qui se refusent à prendre au sérieux certains pendulisants ou baguettisants sans entraînement, sans culture et sans méthode, qui voudraient qu'on acceptât comme argent comptant les élucubrations saugrenues nées du mariage de leur incompétence et de leur sottise.

Je me rappelle encore l'éclat de rire — intérieur (je m'efforce d'être poli) — qu'avait provoqué en moi ce diagnostic effarant fait par un pendulisant pour qui le ridicule n'est pas meurtrier, et qui me le contait avec une grande satisfaction d'amour-propre, persuadé qu'il était d'avoir découvert une cause jusqu'ici ignorée de la calvitie. Ayant examiné au pendule un de ses amis qui en quelques mois avait perdu tous ses cheveux, il avait trouvé que cette alopécie était due « *à des oxyures qu'il avait dans la tête* » !

Après cela, tirons l'échelle ! comme disait l'abbé Mermet, et reconnaissons que la Radiesthésie porte en son sein — elle n'est pas seule ainsi — des ennemis plus dangereux pour son bon renom que ceux de l'extérieur.

Notre conclusion sera qu'il faut, pour pratiquer nos méthodes, un long entraînement, des dispositions personnelles, des connaissances suffisantes dans les domaines où l'on veut pratiquer, et en plus un confortable bon sens.

Tout le monde peut se tromper : médecins, magistrats, ingénieurs, géologues, radiesthésistes, etc..., *Errare humanum est* ; mais n'oublions pas la deuxième partie de l'adage: *Perseverare diabolicum !*

RECHERCHES DES DÉFICIENCES VIBRATOIRES DU CORPS HUMAIN

PREMIER PROCÉDÉ OU CHROMODIAGNOSTIC

Pour pouvoir utiliser ce procédé, il faut être muni du matériel suivant :

Un pendule noir,

Un carré de papier ou un ruban dans chacune des nuances ci-dessous désignées :

Violet,
Indigo,
Bleu,
Vert,
Jaune,
Orange,
Rouge,

(ces sept premières couleurs conformes au spectre).

Jaune paille,
Lilas,
Rose,
Vert d'eau,
Brun foncé,
Blanc,
Noir.

Voici, compte tenu des observations du Docteur Leprince et de mes propres constatations sur ce sujet, le rapport entre les nuances et les différents organes et les différentes radiations parasites :

Noir	Système glandulaire.
Blanc	Poumons.
Rouge	Cœur et circulation artérielle.
Jaune	Sang.
Indigo	Foie.
Violet	Reins ou pancréas.
Orange	Thyroïde.
Bleu	Appareil génital (homme ou femme).
Vert	Nutrition, troubles gastro-intestinaux.
Lilas	Hypophyse.
Vert-indigo	Estomac (organe).
Noir-jaune	Rate (organe).
Noir-vert	Vésicule biliaire.
Rouge-bleu	Système nerveux (sympathique).
Rouge-blanc	Bronches et trachée.
Bleu-mauve	Vessie.
Vert d'eau	Estomac (fonction).
Brun foncé	Système nerveux sacré et génital
Jaune paille	Cerveau.
Vert-indigo	Duodénum.
Blanc-jaune paille	Oreille.
Lilas-blanc	Nez.
Blanc-rose	Squelette.
Brun foncé-bleu	Moelle épinière.
Bleu-mauve	Surrénales.
Jaune-brun foncé	Epiderme.
Rose	Rate (fonction).
Vert-rouge	Muscles.
Violet-vert d'eau	Circulation lymphatique.
Mauve-rouge-blanc	Tissu épithélial.
Mauve-rouge-vert	Tissu conjonctif.
Mauve-jaune-blanc	Tissu sanguin.
Mauve-blanc-rose	Tissu osseux.
Mauve-brun foncé-blanc	Tissu cartilagineux.
Mauve-rouge-bleu	Tissu nerveux.
Jaune-blanc	Bacille de Koch (aux poumons).
Violet-indigo	Bacille de Koch (en général).
Indigo-bleu	Colibacille.
Rouge-indigo	Streptocoque.
Noir-marron	Staphylocoque.
Lilas-indigo	Trépomènes.
Violet-bleu	Gonocoque.
Vert foncé-rose-bleu	Pneumocoque.
Violet-blanc	Pneumobacille.

Blanc-brun foncé ..	.. Bacille pyocyanique.
Jaune-orange . ..	.. Bacille d'Eberth.
Jaune-lilas	.. Coccobacille.
Bleu-blanc	.. Fusospirille.
Bleu-vert	.. Bacille de Löffler.
Bleu-orange	.. Bacille de Weeks.
Brun foncé-orange.	.. Diplo-bacille de Morax-Axenfeld.
Brun foncé-vert ..	.. Bacille d'Hoffman.
Vert d'eau-violet ..	.. Bacille de Chantemesse et Widal.
Vert-jaune-rouge ..	.. Amibe Coli.
Vert-bleu-rouge ..	.. Amibe Tétragène.
Orange-noir	.. Sarcopte.
Jaune paille-vert ..	.. Echinocoque, Tœnia.
Lilas-orange	.. Bacille de Hansen.
Lilas-rose	.. Proteus Bacille.
Indigo-vert-bleu-mauve .	Bacille du Rhumatisme.
Jaune paille-indigo.	.. Bacille de Nicolaïer.
Vert d'eau-bleu ..	.. Vers intestinaux : oxyures, lombric.
Bleu-rose	.. Urée.
Bleu-indigo	.. Albumine.
Bleu-rose-noir.. ..	.. Urate.
Blanc-rose-indigo ..	.. Phosphate.
Vert-rose-bleu.. ..	.. Oxalate.
Vert-noir-blanc ..	.. Bile.
Orange-rose-rouge..	.. Glucose.
Vert d'eau-bleu-brun foncé	.. Acide chlorhydrique.

Et maintenant, voici la façon de procéder que nous indiquons, compte tenu de ce que nous avons dit précédemment sur les mouvements pendulaires :

Plaçons notre pendule, tenu court, au-dessus de la paume droite du sujet à examiner, ou du témoin imprégné, et lâchons du fil en balançant jusqu'au moment où notre instrument passera à une giration quelconque.

Ensuite, nous référant au tableau précédent qui donne les relations entre les couleurs et les organes ou les entités rayonnantes, posons devant nous l'une après l'autre, chacune des couleurs simples ou doublées ou triplées, qui correspondent à des organes ou à des tissus. Nous les ferons ainsi défiler toutes s'il s'agit d'un examen général, ou seulement celles se rapportant aux organes ou aux tissus signalés, s'il s'agit d'un examen localisé.

Admettons que nous ayons à étudier les radiations des poumons, des reins et de l'estomac.

Fixons d'abord notre orientation mentale, non plus sur les radiations générales du sujet, mais sur les rayonnements déficients, ou mieux encore sur le degré de déficience vibratoire de chaque organe. Que va-t-il se passer ? Si le mode vibratoire du tissu ou de l'organe examiné est normal, la rotation de notre pendule continuera aussi franche au-dessus du témoin ou du malade ; s'il est légèrement déficient, la rotation perdra de son amplitude mais continuera encore ; s'il est nettement déficient, la rotation s'ovalisera pour devenir bientôt un balancement. Si le balancement lui-même avait tendance à s'atténuer, il faudrait songer non plus seulement à une déficience vibratoire de l'organe, mais à la présence d'une radiation parasite. En cas d'arrêt rapide du pendule, il faudrait vraisemblablement conclure à l'ablation de l'organe chez le malade.

Poumons : tandis que notre pendule gire au-dessus du témoin ou de la paume droite du sujet à examiner, posons notre index gauche sur la couleur blanche. Cinq cas peuvent se présenter :

1° Notre pendule continue sa giration normale ; l'harmonie vibratoire des poumons est donc bonne et nous n'avons plus alors qu'à passer à un autre organe.

2° La giration pendulaire continue, mais diminuée ; l'état vibratoire pulmonaire est assez bon, mais mérite déjà quelque attention. Nous pourrons avoir à nous en occuper dans la partie des syntonisations des éléments compensateurs, pour prévenir un accroissement de déficience ; mais pour le moment, nous n'avons pas à pousser plus loin l'examen.

3° Le pendule cesse de girer pour balancer avec aisance ; l'état vibratoire est alors médiocre et même en-dessous. A partir de ce moment, il peut y avoir présomption d'une ou de plusieurs radiations parasites.

4° Non seulement le pendule cesse ses rotations, mais ses balancements s'amenuisent : état vibratoire mauvais et certitude presqu'absolue de radiations parasites.

5° Arrêt du pendule : il n'y a plus de mode vibratoire de l'organe. Normalement, il faut conclure soit à son ablation, soit à sa complète atrophie.

Si donc nous nous trouvons devant un des cas 3, 4, nous devons poursuivre l'examen et rechercher le mode ou les modes vibratoires parasites qui se sont installés aux poumons, à l'exclusion bien entendu de ceux qui existeraient dans d'autres parties de l'organisme.

Comment obtenir cette localisation ? C'est très simple :

Notre pendule se comportant comme il est dit précédemment au cas 3 ou 4, prenons la couleur blanche entre le pouce et l'index de la main gauche, formulons une orientation mentale nous rendant sensible aux radiations parasites situées aux poumons, puis présentons successivement la couleur blanche au-dessus de chaque couleur ou assemblage de couleurs représentant une radiation parasite.

Chaque fois que notre instrument, refaisant inversement le chemin qui l'avait amené de la giration primitive à un mouvement diminué, augmentera ce mouvement pour tendre à la giration initiale et même la retrouver, il faudra conclure à la présence aux poumons de la radiation parasite au-dessus de laquelle se trouve notre main gauche. L'importance de cette radiation sera fonction de l'importance du redressement des mouvements pendulaires.

Si, par exemple, notre pendule qui, en présence de la couleur blanche, était passé de la rotation à un très court balancement, se met, en présence de la couleur blanche et de l'assemblage *vert foncé-rose-bleu*, à amplifier ses oscillations, puis à les ovaliser, nous conclurons à une assez forte radiation de *pneumocoque* ; s'il arrive à reprendre la giration aussi aisément qu'au début de l'analyse, nous serons fondés à admettre une très forte radiation de pneumocoque.

Nous reprendrons l'examen, avec les mêmes procédés, pour les *Reins* (*violet*), puis pour l'*Estomac* (*vert indigo*).

Il peut se faire, parfois, que nous enregistrions, pour certains organes, une déficience assez forte, et que cependant nous n'obtenions aucun mouvement pendulaire d'accord dans toute la gamme des radiations parasites. Nous devons alors reprendre l'examen, en recherchant d'abord avec les assemblages colorés correspondant aux tissus épithélial, musculeux et conjonctif, quel est le mode vibratoire tissulaire perturbé, puis ensuite voir s'il y a réellement syntonie entre cette perturbation cellulaire et le ou les organes déficients. Dans ce cas, il peut y avoir, suivant le degré, menace ou présence d'ulcère ou de cancer...

Toutes ces combinaisons et recoupements permettent des examens radiesthésiques absolument complets, mais, il faut le reconnaître, d'une extrême lenteur.

En ce qui nous concerne, nous avons pratiquement cessé d'utiliser cette méthode.

DEUXIÈME PROCÉDÉ

Localisation :

A) *Sur tout le corps :* Après avoir pris le contact avec les radiations du sujet, sur la paume de sa main droite, comme pour le procédé des couleurs, vous faites placer la personne debout, et désirant vous rendre sensible au désaccord vibratoire de ses organes, vous convenez que lorsque votre index gauche passera en face d'un organe au mode vibratoire déficient, votre pendule balancé volontairement passera à la giration. Il est inutile, je crois, d'insister davantage. On peut ainsi préciser l'emplacement de tous les points troublés, par orientation mentale.

B) *Par les vertèbres :* Prise de contact, comme en A. Désir de se rendre sensible au désaccord vibratoire des organes du sujet, et convention que lorsque votre index gauche sera en face de la vertèbre ou des vertèbres correspondant à un organe désaccordé, votre pendule passera à la giration sens horaire. Voici la liste des vertèbres avec leur rapport organique (1) :

	VERTÈBRES	ORGANES
Cervicales :	1	Cerveau, hypophyse.
	2	Oreilles.
	3	Yeux.
	4	Nez.
	5	Joues, mâchoires.
	6	Gorge, thyroïde.
	7	Cou et épaule, aorte.
Dorsales :	1	Bras.
	2	Cœur, hypertension.
	3	Poumons.
	4	Foie et vésicule.
	5	Estomac (partie haute).
	6	Estomac (partie moyenne).
	7	Estomac (partie pylorique).
	8	Pancréas.
	9	Rate.
	10	Reins.
	11	Capsules surrénales, reins.
	12	Duodénum, reins.

---

(1) « Quand un organe, dit le docteur Leprince, est malade, il y a répercussion dans tout le métamère, et jusqu'au niveau des ganglions paravertébraux correspondants. »

Lombaires :	1	Intestin grêle.
	2	Appendice.
	3	Organes génitaux.
	4	Colon, jambes.
	5	Vessie, rectum.

(Inutile de dire que pour les vertèbres se rattachant à deux organes, les discriminations successives se font par orientation mentale ou mieux par *témoins d'organe* (1).

TROISIÈME PROCÉDÉ

Faites ouvrir largement, doigts écartés, paume en-dessus, la main droite du sujet à examiner. Placez-vous, non pas devant la main, mais sur le côté, puis promenez lentement avec votre main gauche une petite tige-antenne (en cuivre de préférence) aux différents points indiqués sur la figure XVI, tandis qu'en main droite vous avez votre pendule noir balancé. Si sur un ou plusieurs de ces points qui correspondent aux espaces digitaux et interdigitaux, votre pendule se met en giration, c'est que l'organe correspondant est désaccordé et par conséquent malade. Notons en passant combien il est curieux qu'en général ces points soient ceux qui, dans la méthode médicale chinoise de l'Acupuncture, sont « piqués » pour mettre en état de défense l'organe que nous retrouvons nous-mêmes, par la radiesthésie, sur chacun d'eux.

Voici numérotés ces différents points avec la correspondance des organes :
1. — Système nerveux cérébro-spinal.
2. — Intestins.
3. — Organes sexuels et vésico-urinaires.
4. — Foie.
5. — Reins et Sympathique.
6. — Rate.
7. — Pancréas.
8. — Poumons.
9. — Cœur.
10. — Estomac.

---

(1) Trousse de M. Lesourd, pharmacien, 88, rue Duhesme, Paris (18e).

11. — Maladies Microbiennes (quelle que soit la nature de l'agent infectieux).

Admettons que vous ayez trouvé les numéros 2 (Intestins), et 8 (Poumons), désaccordés chez un sujet examiné, et que vous désiriez savoir si la cause de cette déficience vibratoire est d'origine microbienne, reliez avec un compas les n°ˢ 2 et 11, puis 8 et 11, successivement. La continuité ou le changement du mouvement pendulaire obtenu précédemment sur 2 et sur 8, vous indiquera la présence ou l'absence d'agents pathogènes à ces organes.

Ce procédé, peu analytique il est vrai, est cependant très intéressant comme moyen de contrôle des autres méthodes. De plus, si votre antenne est en cuivre et si elle présente à son côté posé sur la paume du sujet une surface de 6 à 7 mm., celui-ci ressentira, pour peu qu'il soit sensible, une sensation de froid nettement plus grand quand votre antenne sera sur un point où le pendule indiquera « désaccord ». Ce phénomène particulier au sujet sur lequel on applique une surface de cuivre aux points désignés quand un organe est malade, prouve incontestablement que les indications du pendule sont objectives et naturelles et non entachées d'autosuggestion comme certains le prétendent dans leur ignorance.

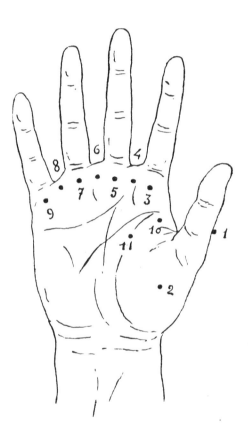

Figure XVI

QUATRIÈME PROCÉDÉ

(Méthode Lesourd)

Cette méthode, plutôt qu'un examen biologique proprement dit, est en quelque sorte une analyse radiesthésique d'urine.

Sur une règle graduée de 0 à 160 cms et orientée pour la recherche N.-S., le 160 étant au Sud, placez le flacon d'urine (quelques centimètres cubes) sur 0. Le pendule tournant sur l'urine, on le dirige *très lentement* dans la direction de 160, en observant ses changements de mouvements.

Trois cas généraux peuvent se présenter :

A) Si l'urine est celle d'un *bien portant*, on obtiendra :

A partir de l'urine jusqu'à 20 cms : arrêt complet du pendule ; de 20 à 40 cms : giration sens horaire ;

De 40 à 60 : giration sens anti-horaire ;

Sur 40 exactement : battements pendulaires ;

A 160 : battements pendulaires (puis à 8 mètres également, ce qui serait, d'après Lesourd, l'indice de la résistance vitale).

B) Si l'urine est celle d'un *malade non microbien* :

On retrouve le champ 20-40-60, comme en A ; mais il y a diminution du plan de 160 (virulence) et du plan de 8 mètres. On peut, par exemple, rencontrer, suivant les cas, le premier plan à 130, ou 125, ou 116, etc., et le second à 780, ou 772, ou 756, etc... En somme, plus ils baissent, plus il y a d'une part virulence, et plus il manque d'autre part de résistance vitale.

C) Si l'urine est celle d'un *malade microbien* :

Le champ 20-40-60 disparaît. En quittant l'urine, le pendule tournant, celui-ci continue de girer jusqu'à un chiffre X, Y, Z..., où il oscille, pour girer à nouveau, mais sens inverse, jusqu'à un nouveau chiffre X', Y', Z'... qui est à une distance de l'urine double du premier chiffre (battements).

Les principaux champs microbiens et pathogènes indiqués par M. Lesourd sont :

5 champ 0-5-10 :
Rougeole, Scarlatine, Micrococcus Catarrhalis, Varicelle.

13 champ 0-13-26 :
Syphilis, Entérocoque, Encéphalite léthargique, Morve, Polyomyélite, Malaria, Bacille de Ducrey.
19 champ 0-19-38 :
Tuberculose (B.K.), Paludisme.
25 champ 0-25-50 :
Charbon, Staphylocoque blanc. Pneumocoque, Meningocoque.
51 champ 0-51-102 :
Cancers, Tuméfactions graves ou non, Ulcères, Verrues, Gravidité.
55 champ 0-55-110 :
Gonocoque, Tétanos, Colibacille, Amiba Coli, Dysenterie, Calculs biliaires, Calculs rénaux.
62 champ 0-62-124 :
Streptocoque doré, Diphtérie, Typhoïde et paratyphoïde, Pneumobacille, Ascaris, Lamblia, Tœnias, Variole, Pseudo-diphtérie, Gale.
72 champ 0-72-144 :
Bacille de Bordet, Microcoque de Doyen, Micrococcus Mélitensis, Bacille de Hansen.
75 champ 0-75-150 :
Bacille de Friedlander, Bacille pyocyanique, Tétragène, Albumine.
78 champ 0-78-156 :
Bacille de Pfeiffer, Protéus Bacille, Anaérobies (Œdématiens, Histolitique, Perfringens, Coryne bactérium, etc.).

La distinction entre les microbes d'un même champ se fait ensuite par interférence de témoins microbiens (trousse Lesourd). Le ou les organes infectés se déterminent par les témoins organiques. D'ailleurs, pour plus de précisions sur cette méthode, nous renvoyons à l'ouvrage de M. Lesourd : « *Méthode Radiesthésique* » chez l'auteur, 88, rue Duhesme, Paris (18e).

CINQUIÈME PROCÉDÉ

(Topographie des localisations cérébrales
se rapportant à la figure XVII)

Le tableau suivant peut également servir pour la recherche des déficiences organiques, en promenant l'index gauche d'un secteur numéroté à un autre, sur la tête du sujet à examiner. Le pendule balancé prendra une giration en présence d'un secteur se rapportant à un organe désaccordé.

1. Centre des bras.
2. — des jambes.
3. — de la rate.
4. — cérébro-spinal.
5. — de l'ouïe.
6. — du langage articulé.
7. — du cœur.
8. — des seins.
9. — des poumons.
10. — du foie.
11. — de la croyance et de l'impression.
12. — du nez.
13. — de l'estomac.
14. — génital.
15. — de la coordination des mouvements.
16. — du larynx.
17. — des dents.
18. — sensitif de l'oreille.
19. — des reins.
20. — de la vue et du mouvement des yeux.
21. — de l'intestin.
22. — de la respiration.
A. — de la douceur à gauche; de la colère à droite.
B. — de la mémoire : à gauche, souvenirs gais ; à droite, souvenirs tristes.
C. — de la gaîté à gauche; de la tristesse à droite.
D. — de l'attention.
E. — de la volonté.

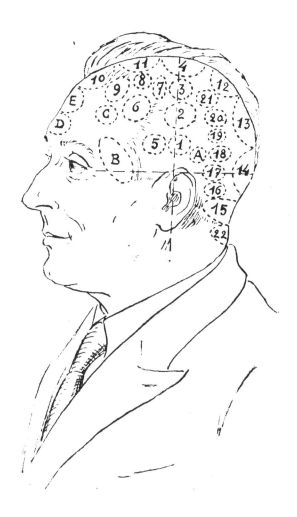

Figure XVII

SIXIÈME PROCÉDÉ

Le Rapporteur Radiesthésique Universel de L. Chouteau

Cet appareil comprend :

— Un cadran dessiné de façon rigoureuse. Ce cadran comporte les 360° de la circonférence, chiffrés de 5 en 5 sur le cercle externe, puis au centre, un espace blanc avec indication des quatre points cardinaux pour : soit poser le témoin à analyser, soit y actionner le pendule.

— Un support de cadran en bois sur lequel sont adaptés :
Une tige horizontale légèrement plus grande que le diamètre du cadran, et qui d'un côté supporte le témoin, et de l'autre marque le degré de rayonnement du dit témoin.

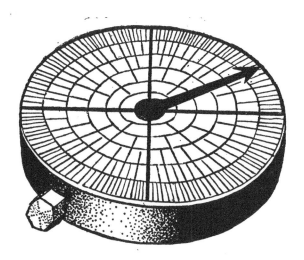

Figure XVIII

Une manette qui par démultiplication fait tourner cette tige autour du cadran, très lentement, et qui est actionnée par la main gauche.

— Une nomenclature indiquant par rayon : les métaux, les minéraux, les roches, les organes humains, les maladies et les microbes qui rayonnent dans ce sens. (Cette nomenclature se trouve également plus loin dans cet ouvrage.) Elle indique également par rayon un choix de plantes ou de remèdes parmi lesquels se cherchera de préférence celui qui doit convenir au cas étudié.

Le Rapporteur Radiesthésique Universel que j'ai conçu permet donc de discriminer ou d'analyser facilement tous les corps, et en particulier : métaux, minéraux, roches, minerais, etc... Il est un merveilleux outil de travail avec lequel on peut trouver le rayon fondamental de nouveaux corps. En ce qui concerne la radiesthésie humaine et biologique qui seule nous intéresse ici, on peut, grâce à son emploi, détecter rapidement et sûrement les déficiences organiques, les radiations d'agents pathogènes, et grâce aux indications données dans la nomenclature, découvrir rapidement l'élément syntone au trouble, et par conséquent curatif.

Ce Rapporteur perfectionné se trouve en vente chez l'auteur, M. L. Chouteau, 48, rue G.-Clemenceau, Cholet (Maine-et-Loire).

Mode d'emploi du Rapporteur [1]

1° Posez-le, bien à plat, sur votre table de travail ou sur un guéridon, en l'orientant *très exactement* au Nord magnétique à l'aide d'une boussole.

2° Placez sur l'extrémité de la tige formant plateau, après l'avoir recouverte d'une petite nappe en papier blanc qui devra être changée à chaque examen, votre témoin : mèche de cheveux coupée par le sujet lui-même, — coton hydro-

---

[1] Le Rapporteur tel que nous le décrivons ici est actuellement épuisé et impossible à construire. Nous proposons, en attendant mieux, le Disque de ce Rapporteur qui peut rendre, évidemment sans les perfectionnements décrits, les mêmes services d'analyses et de recherches. Poser alors le témoin au centre, balancer au-dessus le pendule Nord-Sud, en convenant que le balancement en dérivant vers l'Est fera le tour du cadran. Chaque fois que le balancement se fixera sur un rayon, c'est que ce rayon correspond à un élément recherché en syntonie avec le témoin. Notez-le, faites repartir le pendule sur le rayon suivant, et ainsi de suite jusqu'au tour complet du disque. En agissant ainsi, la main droite qui tient le pendule demeure sans bouger au centre du disque.

phile laissé un quart d'heure sous l'aisselle du sujet, — flacon de quelques centimètres cubes d'urine prélevée après 48 heures obligatoires de non-ingestion de médicaments, sous peine de graves erreurs, etc...

S'il s'agit de l'examen d'une personne présente, faites-lui poser l'index ou le médius droit sur le plateau, sans appuyer.

3° Chargez votre pendule de la radiation du sujet, en le laissant girer quelques instants soit au-dessus du témoin, soit au-dessus de la main droite de la personne lorsqu'elle est présente.

4° Amenez votre pendule au centre du cadran, et balancez-le volontairement suivant la ligne Nord-Sud, tandis que vous avez préalablement situé la ligne médiane du plateau-support-témoin en face du degré 360. Faites alors une orientation et une convention mentales convenables (giration pendulaire en face d'un rayon correspondant à un organe désaccordé, ou un microbe ou une maladie qu'a le sujet).

5° Faites alors tourner très lentement la manette avec votre main gauche, de façon que le témoin fasse le tour du cadran, tandis que votre pendule continue de balancer au centre. Si à certains moments votre pendule passe brusquement de l'oscillation à la giration, inscrivez le chiffre du degré non pas où est le témoin, mais en face, à l'autre bout de la tige dont la pointe marque le degré du rayon fondamental de l'organe atteint, ou du microbe rencontré.

Vous avez ainsi, après un tour de cadran, la nomenclature des différents rayonnements de maladie et d'organes perturbés. Il s'agit maintenant de les relier et de les coordonner.

Admettons en effet que vous avez obtenu : Tumeur, Colibacille, Foie, Encéphale, Pneumocoque, Méningite, Ovaire gauche. Où est la tumeur, où est le colibacille, où est le pneumocoque ?

Retirez du plateau la petite nappe en papier avec le témoin, et posez le tout au centre du cadran. Faites tourner votre pendule au-dessus du témoin, puis à l'aide d'un compas en bois piquez avec une tige le premier rayon rencontré correspondant à un organe malade (faie), puis de l'autre tige piquez successivement les différents rayons d'agents pathogènes : Tumeur, colibacille, pneumocoque, méningite.

Votre pendule ne conservera son mouvement de giration au-dessus du témoin que si l'organe et la maladie visés par votre compas sont en syntonisation ; autrement, il reprendra l'oscillation ou bien s'arrêtera.

Je m'explique :

A) *Une branche du compas est posée sur le rayon fondamental de Foie :*

On pose l'autre branche sur le rayon de Colibacille, et le pendule cesse ses girations au-dessus du témoin. Il n'y a pas de Colibacille au foie ;

On pose ensuite cette branche sur le rayon de Tumeur, et le pendule continue à girer au-dessus du témoin. On peut conclure qu'il y a Tumeur du Foie.

B) *Une branche du compas est ensuite posée sur le Rayon de Encéphale :*

On pose l'autre branche sur colibacille : arrêt du pendule. Puis sur Tumeur : arrêt du pendule. Sur Pneumocoque : il continue ses girations. Sur Méningite : il continue ses girations. Il y a donc Méningite Pneumococcique.

C) *Une branche du compas est posée sur Ovaire gauche :*

L'autre branche est sur Colibacille : le pendule continue de tourner. Tous les autres rayons de maladie arrêtent le pendule. Conclusion : il y a colibacillose de l'ovaire gauche.

Remarque importante : Certains rayons comportent parfois plusieurs maladies ou organes rayonnant dans le même sens. Comment savoir alors s'il s'agit d'un organe ou d'une maladie, et de tel organe ou de telle maladie ? Voici comment établir les distinctions nécessaires :

Il faut tout simplement établir une syntonisation avec d'autres rayonnements obtenus, ou avec des rayons qu'indique la raison. Par exemple, si j'ai capté parmi d'autres les rayons 10° et 225° (voir la nomenclature), et que, reliant avec mon compas ces deux rayons, mon pendule continue de girer au-dessus du témoin, je suis sûr qu'il s'agit de varices et non pas d'acné ou de démence. Cependant, il pourrait être encore question d'hémorroïdes ; pour le savoir, je fixe une branche du compas sur 10°, puis l'autre successivement sur jambe gauche et sur jambe droite : si la giration continue, il y a bien varices, si elle s'arrête ce n'est pas cela. Je place alors mon compas sur 10° et sur rectum : mon pendule tourne ; il s'agit donc d'hémorroïdes. Si le pendule avait continuellement tourné, avec une branche sur

10°, et l'autre successivement sur jambe gauche, jambe droite, rectum, il aurait fallu conclure qu'il y avait en même temps chez le sujet examiné : varices et hémorroïdes.

En principe, on peut dire que, par la syntonisation, les rayons trouvés s'expliquent les uns par les autres, en forment un ensemble coordonné et intelligent.

Par ailleurs, la plus ou moins grande intensité des mouvements pendulaires vous indiquera avec un peu d'habitude la plus ou moins grande gravité d'une déficience organique, et le degré de virulence d'une infection microbienne.

Nomenclature par degrés du Rapporteur Universel de L. Chouteau

Degrés :
- 9° : Larynx.
  Remèdes : Aconit, Erisynum, Scabieuse, Belladone, Béryl, F 5.
- 10° : Acné, Blessures, toutes lésions cutanées, Brûlures, Embolie, Hémorroïdes, Varices, Descente de Matrice, Ulcère, Végétations, Anaérobies.
  Remèdes : Bardane, Noyer, Cyprès, Achillée, Pêcher, Aigremoine, Hamamelis, Lobélie, Bourse à Pasteur, F1, F 12, F 22, Molybdène.
- 13° : Ardoise.
- 15° : Gaz de Pétrole.
  Aortite, Artérite.
  Remèdes : Aconit, Bouleau, Gratiole, F 2.
- 18° : Diphtérie.
  Remèdes : Lierre terrestre, Phytolacca, Millepertuis, Calliandra, Cannelle de Ceylan, Cassis, Evonymus atropurpurens, Géranium robert, Manaca, Noyer, Saponaire, F 5.
- 20° : Conjonctivite de Morax.
  Remèdes : Euphraise, Mélilot, Plantain, F 30.
- 22° : Varicelle.
  Remèdes : Chardon bénit, Romarin, Rhus toxicodendron, Thuya, F 15.
- 24° : Eczéma.
  Remèdes : Bistorte, Fraisier, Salicaire, Pensée sauvage, F 12.

26° : Cristal de roche.
27° : Tœnia.
   Remèdes : Mercuriale, Pyrèthre, F 13.
30° : Sulfure d'Antimoine, Quartz en filon, Nitrate d'Argent.
   Anévrisme, Bronche gauche.
   Remèdes : Cactus, Crategus, F 12.
33° : Schiste houilleux.
   Pancréas.
   Remèdes : Géranium Robert, Raifort, Carotte, F 21.
35° : Erythème polymorphe, Impétigo, Ostéomyélite, Parkinson, Pleurésie purulente, Verrues.
   Remèdes : Staphysaigre, Hépar-sulfur, Bardane, Souci, Euphorbe, Chélidoine, Thuya, F 11.
36° : Nitrate d'Urane.
   Trachée.
37° : Mercure.
39° : Selenium, Rubis.
   Pharynx.
   Remèdes : Aesculus, Géranium Robert, Caille lait, F 8.
45° : Polyomyélite.
   Remède : Agathe, F 11.
48° : Colibacille, Améthiste.
   Remèdes : Ansérine, Bistorte, Ecorce de Bouleau, Capsicum annuum, Carcarille, Nerprun, Tormentille, F 32.
50° : Urée, Mica.
   Remèdes : Artichaut, Aigremoine, Fleurs de la Passion, Fraisier, Hysope, Hydrocotyle Asiatica, F 32.
51° : Ganglions, Porphyre.
   Remèdes : Bourrache, Fraisier, Noyer, Raifort, F 22.
54° : Schiste rouge, Granulite.
   Cancer, Thorium.
   Remèdes : F 11.
56° : Amibes, Germanium.
   Remèdes : Bourrache, Cachou, Cascarille, Chimaphilla, Rhus aromatica.
60° : Potasse.
   Estomac, Asthme, Cholestérine, Cirrhose atrophique, Grippe A.

Remèdes : Achillée, Millepertuis, Mélisse, Menthe, Houblon, Buis, Origan, Thym, Lobélie, Nux vomica, China, Boldo, Gentiane, Lavande, Genêt, F 20, F 15.
62° : Dysenterie.
Remèdes : Molène, F 15.
65° : Dishydrose cutanée.
Remède : F 12.
66° : Oreille gauche, Pneumocoque, Lave.
Remèdes : Brou de noix, Centaurée, Hamamélis, Houblon, Saponaire, F 27, F 29.
69° : Rate, Thellium.
72° : Foie, Emeraude.
Remèdes : Hepar-sulfur, China, Boldo, Buis, F 20.
75° : Bismuth métallique, Brome, Aluminium, Argent.
Calculs biliaires, Herpès.
Remèdes : Chardon bénit, Chelidoine, Romarin, Bourdaine, Boldo, Buglosse, Pensée sauvage, F 20, F 12.
78° : Kyste.
Remèdes : Orme pyramidal, F 8.
79° : Lave spongieuse.
Colon ascendant.
81° : Appendice, Glucinum.
Remèdes : F 14.
85° : Platine.
87° : Syphilis, Osmium.
88° : Sclérose en plaque.
90° ; Arsenic natif, Alcool à 90°.
Encéphale.
Remèdes : Belladone, Aconit, Fèves de Saint-Ignace, Bétoine, Pivoine, Gratiole, F 10, F 11, F 24, F 25.
92° : Vésicule biliaire, Silicium.
Remèdes : Chélidoine, China, Romarin, F 20.
95° : Vertèbres, Vanadium.
Remèdes : F 18, F 9.
98° : Jambe gauche.
100° : Iode.
Moelle épinière, Grippe B.
Remèdes : China, Cocculus palm., Gentiane, Nux vomica, F 11, F 15.
101° : Sein gauche, Alumine.
102° : Bras gauche.

103° : Variole.
Remèdes : Capillaire de Montpellier Erysimum, Lactucarium, Roses de Provins, F 26.
106° : Cellulite.
108° : Bacille de Koch, Eponge.
110° : Colon transverse, Cerium.
113° : Hernie gauche.
114° : Albumine, Borium.
Remèdes : Ache, Bruyère, Bella perenis, Mélisse, Solidago, F 32.
118° : Alcoolisme.
120° : Quartz en concrétion, Alcool à 80°.
Hypophyse.
Remèdes : Chélidoine, Pavot.
123° : Colon descendant, Tellure.
125° : Phosphate.
126°: Antimoine.
Œil gauche.
128° : Permanganate de Potasse.
Ovaire gauche.
130° : Chaux.
Péritoine.
131° : Calculs rénaux, Glucose.
Remèdes : Géranium, Persil, Bruyère, Thuya, F 32, F 20.
132° : Iodure de Potassium.
Zona.
Remèdes : Aconit, Lavande, Veratrum album, F 12, F 15.
134° : Lamblia, Tantalum.
Remèdes : Noyer, Pyrèthre, Tanaisie, F 13 bis.
135° : Sulfure de Mercure, Zinc.
Poumon gauche.
136° : Rectum (colon ilio-Pelvien), Baryte.
138° : Paratyphique A.
140° : Nickel.
Méningocoque.
Remèdes : Brou de noix, Chirette, Houblon, F 11.
144° : Carbonate de Baryum.
Parathyroïde.
147° : Craie calcinée.
Cœur.

150° : Alun, Alcool à 70°.
   Surrénale gauche, Cholera infantile.
   Remèdes : F 15, F 14.
153° : Carbonate de Plomb.
   Thymus.
155° : Sinusite.
   Remèdes : Chatons de Saule, Réglisse, F 15, F 31.
156° : Thyroïde, Rhutenium.
   Remèdes : Groseillier, F 21.
158° : Typhique.
   Remèdes : Bardane, Boldo, Cassis, Chicorée, Hamamélis, Ményanthe, Patience, Persicaire, Sureau, Uva Ursi, F 15.
160° : Calculs d'Acide Urique, Paralysie courante.
   Remèdes : Morelle, Pariétaire, Thuya, Uva Ursi, F 32, F 3.
161° : Rein gauche, Chlodiophylla.
163° : Quartz silicieux.
   Artères.
   Remèdes : Bourse à Pasteur, F 1.
167° : Intestin grêle, Sépia.
168° : Phosphure de zinc.
   Staphyloccoque blanc.
   Remèdes : Ambroisie du Mexique, Centaurée, Cresson, Saponaire, F 15.
172° : Chlorure d'Or (un autre rayonnement à 41°)
   Lèpre.
174° : Paratyphique B.
18° : Fer, Acier, Alcool à 60°.
   Glande pinéale, Méningite cérébro-spinale.
   Remèdes : Conium, Centaurée, F 11, F 18.
181° : Bi-oxyde de Manganèse.
188° : Pylore, Gallium.
192° : Streptocoque, Iodure d'arsenic.
   Remèdes : Aunée, Bardane, Chiendent, Fumeterre, Hydrastis, Mercuriale, Noyer, Sassafras.
195° : Paludisme.
198° : Phosphore.
   Grand Sympathique.
   Remèdes : F 24, F 25.
199° : Granit banal.
201° : Oxyde de zinc.
   Duodénum.

204° : Staphylocoque doré.
  Remèdes : voir rayon 168° + Valériane, Oranger.
206° : Entérocoque, Créosote.
  Remèdes : Orties, Plantain, Saponaire, F 14.
210° : Alcool à 50°.
  Surrénale droite.
213° : Utérus, Glandes salivaires, Carbonate de plomb.
  Remède : Eucalyptus.
215° : Silex cuivreux.
216° : Vagin, Eau de mer.
219° : Ovaire droit, Palladium.
222° : Gonocoque, Glucosite de calcium.
  Remèdes : Busserole, Thuya, F 17.
225° : Manganèse.
  Veines.
  Remède : F 1.
228° : Poumon droit, Chlorure de potasse.
230° : Cuivre, Bronze.
231° : Prostate, Placenta, Graphites.
234° : Œil droit, Abeille.
  Remède : F 17.
240° : Alcool à 40°.
  Plexus sacré.
246° : Sciatique, Bromure de Radium.
  Remèdes : Aconit, Cynoglosse, Garance, Pivoine, F 4.
249° : Rein droit, Chlorure de magnésie.
252° : Oreille droite.
255° : Carbone, Diamant.
259° : Plexus lombaire, Or gris.
268° : Sein droit, Hyposulfite de soude.
270° : Or, Alcool à 30°.
  Fracture osseuse.
  Remède : F 9.
273° : Ascaris, Bi-iodure de mercure.
  Remède : F 13 bis.
275° : Hernie droite.
276° : Nez, Carbonate de Baryum.
278° : Gneiss feuilleté.
279° : Bras droit.

280° : Angine de Vincent, Cataracte sénile, Kyste de l'ovaire, Phlébite, Rhumatisme.
Remèdes : Belladone, Erysimum, Garance, Hamamélis, Pulsatille, Souci, Bouleau, Genevrier, F 5, F 1, F 4, F 8, F 30.
282° : Rage.
285° : Rougeole.
Remèdes : Actéa racemosa, Bardane, Douce amère, Rhus toxicodendron, F 15.
288° : Organes masculins, Venin de cobra.
290° : Pétrole liquide.
291° : Jambe droite.
294° : Maternité.
297° : Scarlatine, Gluconate de calcium.
Remèdes : Barbe de Maïs, Carex, Houblon, Mauve, Romarin, Uva ursi, F 15.
298° : Epididyme, Iodure de potassium.
300° : Alcool à 20°.
Bronche droite.
Remède : F 7.
303° : Pyocyanique, Plature.
Remèdes : Capillaire du Canada, Nux vomica, Grindelia, Fucus, Rhubarde, Saponaire, Sedum âcre, F 23.
306° : Menstrues.
308° : Fluorine violette sur carbonate.
309° : Coqueluche.
Remèdes : Acanthéa, Aconit, Cupressus, Drosera, Osier rouge, Thym, F 6.
310° : Cavités humides, souterrains.
Stomatite crémeuse.
Remèdes : Drosera, Frêne, F 5.
315° : Oxyures, Cirrhose hypertrophique ou biliaire, goître exophtalm, Chlorure d'or.
Remèdes : Absinthe, Matricaire, Tamarin, Nux vomica, Gratiole, Boldo, Scrofulaire, F 21, F 13 bis, F 20.
320° : Silex.
Emphysème pulmonaire.
Remèdes : Fève des marais, Datura, Hysope, F 27, F 28.

321° : Vessie, Tétanos, Chlorure de calcium.
   Remèdes : Aunée, Cassis, Baume de Tolu, Cachou, Eucalyptus, Ratanhia, Plantain, Potasse caustique.
325° : Charbon (maladie).
   Remèdes : Brou de noix, Centaurée, Chirette, Cresson, Hamamélis.
328° : Fœtus mâle.
330° : Soufre, Eau, Alcool à 10°.
333° : Epouse (non vierge).
335° : Arthrite gonococcique, Conjonctivite de Weck, Fièvre puerpuérale, Erysipèle, Sulfate de cuivre.
   Remèdes : Busserole, Thuya, Euphraise, Plantain, Méliot, F 12, F 30, F 17.
336° : Grossesse (gravidité).
339° : Sel de Nitre.
   Lésion.
342° : Mica schiste.
   Fœtus femelle.
345° : Feld-spath.
   Méningite tuberculeuse.
   Remèdes : F 11, F 26.
348° : Gangrène, Calcium.
   Remèdes : Applications de quinquina. Terre radio-active.
350° : Mort ou Commotion.
355° : Atrophie musculaire, Phosphure de zinc.
   Remèdes : Anis vert, F 18.
360° : Nord.
   Vie, Bonne santé.

Nomenclature abrégée par organes du Rapporteur L. Chouteau

Cerveau : 90°. — Hypophyse : 120°. — Yeux : 234° et 126°. — Oreilles : 252° et 66°. — Nez : 276°. — Moelle épinière : 100°. — Bulbe rachidien : 58°. — Plexus sol. : 106°. — Sympathique : 198°. — Plexus sacré : 240°. — Plexus lombaire : 259°. — Cœur : 147°. — Veines : 225°. — Artères : 163°. — Aorte : 15°. — Thyroïde : 156°. — Parathyroïde : 144°. — Larynx : 9°. — Pharynx : 39°. — Trachée : 36°. — Bronches : 300° et 30°. — Plèvre : 139°. —

Poumons : 228° et 135°. — Œsophage : 84°. — Estomac : 60°. — Pylore : 188°. — Duodenum : 201°. — Colon transverse : 110°. — Colon ascendant : 79°. — Colon descendant : 123°. — Intestins grêles : 167°. — Appendice : 81°. — Rectum : 136°. — Foie : 72°. — Vésicule : 92°. — Pancréas : 33°. — Péritoine : 130°. — Rate : 69°. — Reins : 249° et 161°. — Surrénales : 210° et 150°. — Epiphyse : 180°. — Thymus : 153°. — Peau : 35°. — Muscles : 255°. — Vessie : 321°. — Os : 270°. — Vertèbres : 95°. — Ganglions lymphatiques : 51°. — Glandes mammaires : 268° et 101°. — Testicules : 288°. — Epididyme : 298°. — Prostate : 231°. — Vagin : 216°. — Utérus : 213°. — Ovaires : 219° et 128°. — Corps jaune : 129°. — Diaphragme : 343°. — Sang (oxygénation) : 312°. — Sang (circulation) : 227°.

Par microbes et divers :

Tœnia : 270°. — Polyomyélite : 45°. — Colibacille : 48°. — Urée : 50°. — Cancer : 54°. — Amibes : 56°. — Pneumocoque : 66°. — Calculs biliaires : 75°. — Syphilis : 87°. — Albumine : 114°. — Lamblia : 134°. — Acide urique : 160°. — Staphyloccoque : 168° et 204°. — Streptoccoque : 192°. — Entérocoque : 206°. — Gonocoque : 222°. — Ascaris : 273°. — Pyocyanique : 303°. — Oxyures : 325°. — Bacille de Koch : 108°. — Glucose : 131°.

BIOESTHÉSIOMÉTRIE

> « Il n'y a entre la santé et la maladie qu'une différence d'amplitude. »
> Docteur LEGRAIN.

M. Lesourd, pharmacien, écrit dans sa *Méthode Radiesthésique :* « Autour d'un individu non malade, il existe, décelable par le pendule, un champ magnétique commençant à 20 cms et finissant à 60 cms. »

M. Larvaron a également précisé que : « Normalement un individu sain donne un champ d'influence qui mesure de 19 à 22 cms, et que toute longueur inférieure à 19 cms indique une déficience qu'il est nécessaire de rechercher. »

M. Henry de France constate également de 19 à 20 cms de champ pour une personne bien portante.

Le docteur Albert Leprince dit dans sa « Radiesthésie Médicale » (éditée par Legrand, Paris) que « devant cette constatation, il n'a pu s'empêcher de faire un rapprochement entre ce chiffre de 19 et la longueur d'onde humaine évaluée (mathématiquement) par Charles Henry à 9 microns 48. A 0 micron 02 près, l'étendue linéaire du champ est donc une harmonique de la longueur d'onde humaine ».

Comme on le voit, cette observation empirique rallie de nombreux suffrages ; mais l'appareil que le docteur Leprince a créé, et nommé *Radiobiomètre*, apporte la confirmation éclatante et scientifique de l'objectivité de ce champ dont la nature demeure cependant encore incertaine.

Le *Radiobiomètre* que nous avons vu fonctionner chez son auteur comprend : une oscillatrice à ondes courtes, un amplificateur à solénoïdes et condensateurs spéciaux.

Il n'y a aucune connexion entre ces deux parties.

L'appareil étant en ordre de marche, et l'amplificateur éloigné de 80 cms à 1 mètre de l'antenne de l'oscillatrice étant relié au sujet, il ne se produit aucun mouvement de l'aiguille du microampèremètre.

Pour un sujet sain, si on approche l'amplificateur vers 60 cms, l'aiguille du microampèremètre commence un mouvement de déviation qui va aller en s'accentuant jusqu'au moment où la distance entre les deux parties de l'appareil sera de 20 cms environ. Si on approche encore l'amplificateur de l'oscillatrice, l'aiguille restera immobile et gardera la position qu'elle avait à la distance de 20 cms.

Par contre, si le sujet est déficient, la déviation de l'aiguille n'atteindra son maximum que lorsque l'amplificateur sera à moins de 20 cms de l'oscillatrice. Plus le sujet sera gravement atteint, plus la distance entre les deux parties du Radiobiomètre devra être réduite, la dimension du champ étant diminuée.

Le Radiobiomètre permet d'obtenir soit la dimension du champ général du sujet examiné, soit celle de chaque organe, mais il oblige l'examen à partir du sujet lui-même, et il ne peut indiquer la spécificité des déficiences.

Les appareils d'Abrams, par contre, utilisent indifféremment le malade ou une substance imprégnée, en les reliant au radiesthésiste par un circuit électrique spécial dans lequel sont intercalés des rhéostats afin de provoquer des résistances variées. On peut constater des zones de matité sur l'abdomen du radiesthésiste, permettant le diagnostic. Ces zones de matité particulière sont perçues soit par percussion, soit à l'aide d'une petite balle de sureau qui n'est attirée que dans les parties où se produit le réflexe viscéral. C'est du moins ainsi que l'explique le docteur Leprince.

La méthode bioesthésiométrique qui va suivre s'appuie donc sur des bases parfaitement scientifiques et objectives et non pas sur des données fantaisistes ou non contrôlées.

Toutefois, au lieu d'utiliser les variations du champ électro-magnétique, ce qui est fort incommode, nous avons créé un appareil, nommé par nous : Esthésiomètre, et qui utilise les variations de fréquence et d'amplitude des ondes qui sont au point de départ des champs électro-magnétiques.

L'Esthésiomètre (1) a pour but de rechercher et de mesurer, selon la méthode que je décris plus loin, les déficiences vibratoires de tous les corps — en particulier des corps humains et animaux — et les virulences des rayonnements parasites. Il permet en outre de découvrir les éléments qui,

---

(1) En vente chez moi et à la Maison de la Radiesthésie, et dans plusieurs maisons de Radiesthésie étrangères.

compensant ces déficiences et soufflant ces rayonnements parasites, vont les annuler ou tout au moins les réduire.

Il se compose, grosso modo, de trois circuits dont deux sont en opposition.

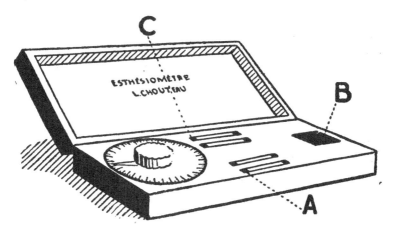

Figure XIX

Le premier, — qui n'est réellement formé qu'après avoir placé le *témoin-sujet* à étudier sur les deux lamelles de cuivre les plus proches de l'opérateur, soit en A, — et le troisième, — qui n'est réellement formé qu'après avoir placé le *témoin-objet* à étudier sur les deux lamelles de cuivre situées en C, — sont respectivement couplés au deuxième circuit situé à droite de l'appareil, juste au-dessous de la partie peinte en or, soit en B.

L'opérateur, sur lequel agit ce deuxième circuit, doit tenir son pendule à la verticale de cette partie rouge. L'appareil ne faisant que de grouper et de canaliser des forces objectives laisse au radiesthésiste l'obligation de se mettre en état d'accord personnel avec le but de la recherche, par l'orientation mentale et les divers procédés physiques déjà exposés.

Le point de départ de ces examens pourra être ou le malade lui-même, on son imprégnation. Pour notre part, nous ne cachons pas que nous préférons de beaucoup l'analyse à partir d'une substance imprégnée, plutôt que du sujet lui-même.

Mais les imprégnations présentées à notre examen sont

loin d'avoir même valeur. Passons-les en revue, du moins les plus courantes.

La mèche de cheveux permet l'analyse complète de tous les organes, de tous les désordres cellulaires, de toutes les invasions microbiennes. Elle serait un témoin parfait si trop souvent des teintures, lotions, shampooings, cosmétiques, brillantine ne venaient y ajouter des imprégnations chimiques parasites qui peuvent créer de dangereuses erreurs. C'est pourquoi nous conseillons de rejeter complètement les cheveux, et de leur préférer soit les poils de l'aisselle, soit ceux du pubis qui, eux, sont de remarquables témoins de l'organisme entier. Il est bon de faire préciser de quelle région du corps provient le témoin adressé.

L'urine : Quelques centimètres cubes d'urine sont également un excellent témoin, à condition toutefois que le récipient qui contient l'urine soit d'une propreté absolue, et qu'un jeûne médical d'au moins 24 heures ait précédé la prise de l'urine qui peut être prélevée à n'importe quel moment de la journée.

Le sang : Avec une pince stérilisée, il faut passer à la flamme deux petites lamelles de verre. Sur l'une d'elles, recueillir la goutte de sang du malade obtenue en piquant le lobe de l'oreille, puis recouvrir avec l'autre lamelle. C'est un merveilleux témoin, le meilleur sans doute, mais il ne peut pratiquement être réalisé que par des spécialistes, en clinique ou en laboratoire.

La transpiration : Le malade qui désire un examen pose sous son aisselle, pendant une demi-heure environ, une petite noisette de coton hydrophile retirée par *lui-même* du paquet, en prenant soin de ne pas la prendre dans la couche du dessus. C'est un témoin qui en vaut beaucoup d'autres, et qui présente pour beaucoup de gens un moyen facile et sûr d'obtenir leur imprégnation.

Si nous avions à classer par ordre de préférence les substances énumérées plus haut, nous mettrions en tête : le sang ; puis poils du pubis, transpiration sur coton hydrophile, poils de l'aisselle, urine, cheveux, buvard ou coton imprégné de salive.

La salive est trop souvent polluée par les matières alimentaires retenues dans les interstices dentaires.

Comme dernier conseil sur ce chapitre, nous recommanderons à nos confrères d'exiger des sujets à examiner les plus grandes précautions pour l'envoi du témoin au radiesthésiste. Combien de fois n'avons-nous pas été dans l'obligation de réclamer une nouvelle imprégnation, celle que nous avions reçue ayant été mise tout simplement dans la lettre écrite par une autre personne. *Le témoin doit toujours, s'il n'est pas dans un flacon, se trouver seul dans une enveloppe spéciale et blanche de préférence.* Sur l'extérieur de cette enveloppe figureront les indications suivantes :

Nom, prénom, adresse du sujet, son âge, son sexe.

Le sexe surtout est indispensable, on verra plus loin pour quelles raisons.

Analysons maintenant les diverses phases d'un examen bioesthésiométrique :

Le témoin à étudier, une fois mis en place, apporte dans le premier circuit de l'Esthésiomètre sa fréquence propre et sa puissance d'ordre électrique différente selon les cas. Pour que les variations ainsi produites par chaque témoin dans le premier circuit soient transmises au deuxième et agissent ainsi sur l'opérateur, il faut qu'elles atteignent un certain degré d'intensité. Si ce degré est obtenu d'emblée, on peut conclure que la puissance vibratoire du témoin est normale. Dans le cas contraire, grâce au potentiomètre qu'il manipulera de sa main gauche, l'opérateur cherchera quel est le complément de puissance qu'il devra fournir au premier circuit pour qu'il impressionne le deuxième, et provoque un mouvement pendulaire d'accord, le pendule ayant été réglé préalablement directement au-dessus du témoin. Au moment précis où l'on obtient ce mouvement pendulaire, une simple lecture sur un cadran chiffré en pourcentage, indiquera, au point d'arrêt de l'aiguille du potentiomètre, la valeur de ce complément correspondant à la valeur de la déficience générale du témoin.

Traduisons en clair : Après avoir réglé notre pendule en longueur sur le témoin lui-même, balançons-le volontairement au-dessus de la bande rouge de l'Esthésiomètre, puis, après quelques secondes d'oscillations rectilignes entretenues, plaçons sur les lamelles métalliques A, soit le témoin imprégné, soit une main du sujet à examiner.

Si le sujet est en bonne santé, le balancement pendulaire se transformera aussitôt en une quelconque giration d'accord.

Si l'oscillation rectiligne continue, il faut lentement tourner l'aiguille du potentiomètre, en allant de 0 % vers le 100 %.

Si la giration pendulaire se produit entre 0 % et 10 %, l'état de santé sera bon ; mais au-dessus de ce dernier chiffre, plus on approche l'aiguille du 100 %, plus la déficience générale doit être considérée comme importante, et amoindrie la résistivité du sujet à la maladie.

Fournissons des exemples :

Nous plaçons sur l'électrode un flacon d'urine à examiner et l'aiguille mobile au 0 %. Nous balançons volontairement notre pendule préalablement réglé en longueur, au-dessus de la bande rouge. De notre main gauche, nous faisons glisser très lentement la pointe de l'aiguille vers le 100 %. Nous franchissons les 10 % : le pendule balance toujours ; nous arrivons à 20 % : le pendule continue encore ses oscillations ; mais au moment où l'aiguille affleure la petite raie indiquant 29 %, notre pendule dérive et se met à girer. Conclusion : l'intensité du rayonnement général de l'urine est réduite de 29 %. Cette diminution indique que le sujet de qui est issue l'urine est déficient et ne présente plus le potentiel vital, l'équilibre vibratoire qui lui permettraient de lutter efficacement contre la maladie, et que, quelque part en lui, un ou plusieurs organes désaccordés ne remplissent plus leur fonction normalement.

Nous noterons sur notre fiche le résultat de cette première recherche de la façon suivante : « L'intensité du rayonnement général à l'Esthésiomètre est réduit de 29 % ». Un médecin qui aura l'habitude de lire ces mensurations, constatera qu'il s'agit ici d'une déficience moyenne, mais qui déjà mérite attention.

Plaçons maintenant une noisette de coton hydrophile imprégné, et agissons comme déjà indiqué pour tout ce qui précède l'examen. A 0 %, le balancement pendulaire ne dérive pas, à 25 % non plus, mais à 50 %, nous obtenons la giration. La déficience générale est importante et correspond certainement à une grave carence vitale.

Nous notons : « L'intensité du rayonnement général à l'Esthésiomètre est réduit de 50 %. »

Analyse de déficiences locales :

A. — *Sur le sujet :* Cette façon d'opérer ne nous semble praticable que par les médecins ou des spécialistes très entraînés. Nous ne la conseillons pas aux radiesthésistes insuffisamment informés des questions anatomiques.

Pour cette analyse, la première électrode sera composée de deux cylindres en cuivre, d'un centimètre environ de diamètre, adaptée à un manche en matière isolante que tiendra un aide de l'opérateur.

L'aiguille mobile placée sur le 0 % qui sert de dénominateur général, nous balançons le pendule réglé au-dessus de la bande rouge, et tant qu'une influence désaccordante n'interviendra pas, ce mouvement initial passera immédiatement à la giration. Nous partons du balancement pour obtenir la déviation giratoire, car l'inverse est beaucoup plus difficile à obtenir.

Supposons l'aiguille sur 0 % par exemple ; notre pendule oscille et notre aide pose alors l'électrode bicylindrique sur la première vertèbre cervicale du sujet, ou *Atlas* : la giration se produit, donc l'intensité n'est pas diminuée en ce qui concerne les organes reliés à l'Atlas : cerveau et hypophyse.

Deuxième vertèbre cervicale : oreilles — la giration se produit, donc l'intensité n'est pas diminuée. L'organe emplit normalement sa fonction.

Troisième vertèbre C : la giration se produit, donc l'intensité n'est pas diminuée ; rien aux yeux.

Admettons qu'il en est de même des quatrième et cinquième vertèbres cervicales.

A la sixième, la giration ne se produit pas, le balancement continue. Cela signifie qu'à 0 % l'intensité de l'organe relié à cette vertèbre n'influence plus notre main droite qui est dans le deuxième circuit électrique et qui tient le pendule. Il y a donc carence de la thyroïde. Pour en connaître l'importance, nous imprimerons volontairement un balancement rectiligne au pendule, puis nous ramènerons peu à peu l'aiguille mobile vers le 100 %, jusqu'à l'endroit où, nous trouvant à nouveau influencé, notre pendule se mettra à tourner. Admettons que ce soit sur le chiffre 42 %.

Nous noterons sur notre fiche : « 6ᵉ V. C. : l'intensité du rayonnement à l'Esthésiomètre est réduite de 42 %. »

Ainsi seront passées en revue toutes les vertèbres, les sept cervicales, les douze dorsales et les cinq lombaires, et chaque fois que l'une d'elles donnera un rayonnement diminué, nous en enregistrerons soigneusement la valeur que nous comparerons à l'intensité normale 0 %.

B. — *Sur imprégnation* (ou sur le sujet relié à l'électrode A par une main) :

Pour cette analyse des différents organes du sujet, nous utiliserons des « témoins » que l'on pourra se procurer à la Maison de la Radiesthésie.

Les témoins strictement indispensables sont les suivants :

Cœur : dont la déficience peut être génératrice de troubles cardiaques divers : tachycardie, asystolie, rhumatismes cardiaques, myocardites, diverses intoxications, épilepsie, troubles de la parole, pleurésie, tumeurs, angoisse, métrorrhagie, vomissements, etc...

Cerveau : dont la déficience peut être génératrice de faiblesse et anémie cérébrale, insomnie nerveuse, neurasthénie, épilepsie, chorée, hystérie, tabès, paralysie générale, enfants arriérés.

Moelle épinière : dont la déficience peut être génératrice des mêmes symptômes que pour *cerveau*.

Bile : dont l'insuffisance ou l'excès peut créer : cholécystite, atonie intestinale, constipation, digestions trop lentes et difficiles, selles décolorées, jaunisse, lithiase biliaire, entérites muco-membraneuses, nausées, etc...

Intestins : dont la déficience peut être génératrice de : amaigrissement même avec une alimentation suffisante, constipation, diarrhée, certains vertiges, acnée, migraines, contractures, artério-sclérose, essoufflement, angine, œdème, carie dentaire, verrue, etc...

Estomac : dont la déficience peut être génératrice de : atonie gastrique, gastro-entérite, dyspepsie, cancer de l'estomac, migraine, névralgies faciales, ophtalmie, certaines affections laryngées et thyroïdiennes, toux, mal de gorge, torticolis, urticaire, abcès, aménorrhée, cystite, orchite, lombalgies, hypertension, goutte, mélancolie, vertiges, bronchite, anurie ou incontinence d'urine, cyanose des mains et des pieds, arthrite, hyperchlorydrie, ascite, etc...

Sang, dont la déficience peut être génératrice de : chlorose, anémies, maladies infectieuses, tuberculose, cancer, toutes hyposphyxies locales ou généralisées, convalescence trop lente...

Foie, dont la déficience peut être génératrice de : insuffisance hépathique, ictère, cirrhoses diverses, coliques hépathiques, diabète anhépathique, affections cutanées diverses, suppression brusque des règles, anémie cérébrale, méningite simple, épilepsie, sciatique, asthme, incontinence d'urine, leucorrhée, prurit, bégaiement, spasme artériel, adénite, uréthrite, orchite, ophtalmie, métrite, certaines maladies de la moelle épinière, certaines surdités, certaines paralysies, inflammation de la vessie, stérilité...

Ganglions lymphatiques, dont la déficience peut être génératrice de : adénopathies, angines, scrofule, tuberculose, cancer...

Glande mammaire, dont la déficience peut être génératrice chez la femme de : ménorhagies et métrorhagies, cancer, fibrome de l'utérus, certains vomissements, etc...

Muscles, dont la déficience peut être génératrice de : atrophie musculaire et de toutes les maladies des muscles en général, céphalalgie, rhumatisme, angine, ophtalmie, amnésie, stomatite, paralysie et éblouissements...

Reins, dont la déficience peut être génératrice de : anurie, albuminurie, néphrites, mal de Bright, urémie, hydropisie, intoxications aiguës ou chroniques, éclampsie, tuberculose, arythmie, cardialgie, hypotension, sueurs, furonculose, hystérie, asthme, pleurésie, stomatite, angine de poitrine, scarlatine, pharyngite, diabète, insomnie, hémorroïdes, hypertension, paraplégie, trouble de la parole, zona, règles trop abondantes, varices, rhumatismes lombaires, leucorrhée, constipation, inappétence, névralgies intercostales, palpitations, toux...

Os, moelle osseuse, dont la déficience peut être génératrice de : lymphadénie, leucémie, chlorose, rachitisme, cachexie, cancer, etc...

Pancréas, dont la déficience peut être génératrice de : dyspepsie, diarrhée, diabète azoturique, intolérance du lait, tuberculose intestinale, cancer, oppression, insomnie, dépression mentale, convulsions, rachialgie, goutte, douleurs oculaires, incontinence d'urine, douleurs d'ovaire, asthme, frigidité, varices, hypertrophie de la prostate, gravelle, etc...

Hypophyse, dont la déficience peut être génératrice de : myocardite, colapsus, asystolie, certaines maladies infectieuses, constipation, paralysie, péritonite, ischurie, inertie utérine, hémorragie, métrite, fibrome, contractures musculaires, faiblesse générale, maladie de Basedow, tachycardie, hypotension, asthme...

Poumons, dont la déficience peut être génératrice de : bronchites, emphysème, toutes maladies des voies respiratoires, épistaxis, tuméfaction du ventre, névrite des bras, peau sèche, vomissements, asthénie, anurie, acné, arthérite du poignet, névralgies intercostales, arythmie, conjonctivite, etc...

Prostate, dont la déficience peut être génératrice de : impuissance, hypertrophie de la prostate, sénilité, etc...

Rate, dont la déficience peut être génératrice de : leucémie, paludisme, cachexie, tuberculose, cancer, suppurations, asthénie, vertiges, épistaxis, insomnie, angine de poitrine, hystérie, anémie cérébrale, insuffisance ovarienne, varices, ascite, etc...

Surrénales, dont la déficience peut être génératrice de : hémorragies gastriques et intestinales, œdèmes, purpura, asthme, maladie d'Addison et de Werlhoff, tuberculose, cancer...

Thymus, dont la déficience peut être, chez les enfants, génératrice de : débilité physique et mentale, rachitisme, goitre, œdèmes, hyperchlorhydrie, maladie de Basedow, etc... (Cette glande qui, après l'enfance, s'atrophierait complètement, semble bien, d'après nos études au Biosyntoniseur, émettre durant toute la vie des principes actifs jouant un rôle important dans l'équilibre organique.)

Thyroïde, dont la déficience peut être génératrice de : asthme, migraines, rachitisme, eczéma, rhumatismes, glycosurie, obésité, arthritisme, insomnie, épilepsie, incontinence d'urine, urticaire, palpitations, maladie de Basedow, goitre, etc...

Utérus, dont la déficience peut être génératrice de : affections utérines, métrite, cancer localisé à l'utérus, etc...

Testicules, dont la déficience peut être génératrice de : ralentissement de la croissance à la puberté, douleurs articulaires, impuissance, sénilité précoce, tabès, goutte, arthrite de l'épaule, neurasthénie, spermatorrhée, rhumatismes, obésité, nausée, angine, incontinence ou rétention d'urine, vertiges, éruptions cutanées, congestion cérébrale, etc...

Ovaires, dont la déficience peut être génératrice de : troubles de la puberté, de la menstruation, de la ménopause, nervosisme, stérilité, hystérie, obésité, maladie de Dercum, hypertrophie des seins, congestion des yeux, contractions musculaires, artério-sclérose, tuberculose osseuse, constipation, gadtrite, adénite, furonculose, certaines surdités.

Vessie, dont la déficience peut être génératrice de : incontinence ou rétention d'urine, troubles de la vue, céphalalgie, névralgie faciale, prurit, toux, asthme, angoisse, pertes séminales, lumbago, sciatique, rhumatisme, tétanie, cardialgie, etc...

Paroi artérielle : artério-sclérose, artérite, etc...

Veine : varices, phlébites, ulcères variqueux...
Nerf sympathique : toutes les névroses, et de beaucoup de déficiences organiques...
Peau : toutes maladies cutanées, d'intoxications diverses.

Nous estimons qu'avec les « témoins » précédents, on peut faire une analyse complète des origines de tous les symptômes non microbiens. Toutefois, si nous voulons obtenir plus de précision dans les détails, il y aura lieu alors d'ajouter : *nerf sciatique, entéro-pancréatine, fibrine, mucine, rectum, péritoine, cholestérine, œsophage, parathyroïde, bulbe, duodenum, substance grise, moelle osseuse rouge, diaphragme, cæcum, colon, etc...* Mais nous le répétons, ces témoins n'apportent aucun supplément d'information sur les causes organiques ; ils ne servent qu'à mieux localiser une déficience, ce qui, à notre avis, est d'un intérêt secondaire, sauf dans les cas où il doit·y avoir intervention chirurgicale.

On s'étonnera peut-être de nous voir écrire qu'une déficience testiculaire peut provoquer de la congestion cérébrale, qu'une déficience pulmonaire peut être à l'origine de conjonctivité ou d'anurie, tandis qu'une déficience rénale peut amener des crises de toux ou des troubles de la parole... Certains diront que ces rapports sont arbitraires, du moins invérifiables, surtout quand les déficiences signalées ne sont perçues ni par le malade, ni par la clinique habituelle, ni par la radiographie. Cependant, les nouvelles découvertes faites en biochimie, en plus des résultats obtenus en soignant l'organe lointain du symptôme, nous apportent continuellement la preuve qu'à côté de leurs fonctions reconnues nos organes déversent dans notre économie générale des principes impondérables qui ont leur répercussion sur l'équilibre de nos cellules, de nos humeurs, d'autres organes lointains, et que tout en nous est interdépendant.

Après cette nécessaire digression, revenons à l'analyse bioesthésiométrique sur imprégnation.

L'imprégnation a été posée sur la première électrode A, et nous avons recherché la déficience générale que nous supposerons être de 20 %.

Nous ramenons alors l'aiguille mobile de l'appareil sur 0 % qui est le dénominateur de cotation des déficiences organiques trouvées, et nous balançons le pendule sur la bande rouge.

Successivement, nous allons poser sur la deuxième électrode C les témoins organiques dont nous avons donné ci-dessus la nomenclature, non restrictive d'ailleurs, et nous allons assister à deux ordres de phénomènes pendulaires.

Devant un certain nombre de témoins, le balancement imposé au pendule et qui n'a aucune raison de se transformer tant que les forces en présence n'ont pas réalisé leur équilibre, **continue**, marquant ainsi le déséquilibre existant entre les témoins d'organes sains et ces mêmes organes déficients chez le sujet ; devant un certain nombre d'autres témoins, le pendule déviera en faveur d'un autre mouvement (giration quelconque), indiquant ainsi que chez le sujet examiné, les organes correspondants sont en bon état.

Chacun des témoins ayant fait continuer à 0 %, le balancement pendulaire sera mis soigneusement de côté. Quand toute la série des organes aura ainsi été inventoriée, nous reprendrons ces derniers témoins un par un. Nous en placerons un sur l'électrode, puis nous balancerons le pendule. Lentement, avec la main gauche, nous rapprocherons l'aiguille mobile du 100 % jusqu'au point où nous obtiendrons une giration. Ce point marquera le pourcentage de déficience de l'organe qui devra être comparé à la déficience du champ général. Il en sera ainsi pour tous les autres témoins mis de côté.

Voici comment se comporte l'Esthésiomètre. L'électrode C, composée de deux lamelles en cuivre, est insérée dans le troisième circuit qui est relié au deuxième, et influence ainsi l'opérateur, dès qu'on l'utilise en posant sur l'électrode et successivement les témoins organiques. Chacun de ces témoins y apporte sa fréquence propre et sa puissance non déficiente, qui se répercutent dans le deuxième circuit, où elles rencontrent la fréquence et la valeur du premier circuit, sans pouvoir ni se composer, ni s'additionner, mais seulement s'équilibrer le cas échéant. Si ces forces s'équilibrent d'emblée, elles provoquent immédiatement chez l'opérateur un mouvement pendulaire d'accord indiquant que l'organe correspondant au témoin est sain chez le sujet. S'il y a déséquilibre entre les forces des premier et troisième circuits, il faudra rechercher la compensation potentiométrique à fournir au premier pour assurer l'accord entre ces deux circuits, accord qu'un mouvement pendulaire enregistrera au-dessus du deuxième circuit (bande or). Le montant de cette compensation indiquera le pourcentage de déficience de l'organe chez le sujet.

Afin de rendre claires ces explications forcément un peu difficiles, nous allons présenter les différentes phases d'une analyse que nous venons de pratiquer sur coton imprégné adressé par une jeune fille de la Vienne, sur les conseils de son médecin.

L'imprégnation posée sur la première électrode, le pendule balancé, il nous faut arriver à 22 % pour que le pendule commence à dériver, mais la giration n'est vraiment nette et ronde qu'à 26 %. Nous notons : « Déficience générale du sujet 26 % ».

Nous ramenons l'aiguille sur 0 %. Le pendule est à nouveau balancé. Sur la deuxième électrode, nous posons, en prenant les témoins au hasard :

Cœur : giration.
Cerveau : giration.
Moelle épinière : giration.
Bile : giration.
Intestins : giration.
Estomac : giration.
Sang : giration.
Foie : giration.
Ganglions lymphatiques : giration.
Glandes mammaires : Balancement. Mettre le témoin de côté.
Muscles : le balancement redonné volontairement revient après la pose du témoin à la giration.
Reins : giration.
Os : giration.
Pancréas : giration.
Hypophyse : giration.
Poumons : giration.
Rate : giration.
Surrénales : giration.
Thymus : giration.
Thyroïde : giration.
Utérus : le balancement continue. Nous mettons le témoin de côté.
Ovaires : le balancement redonné volontairement continue après la pose du témoin. Nous mettons celui-ci de côté.
Vessie : le balancement redonné volontairement revient après la pose du témoin, à la giration.

Paroi artérielle : le balancement continue. Nous mettons le témoin de côté.
Veine : le balancement redonné volontairement revient après la pose du témoin, à la giration.
Sympathique : le balancement continue. Nous mettons le témoin de côté.
Peau : le balancement redonné volontairement continue après la pose du témoin. Nous mettons le témoin de côté.
Parathyroïdes : le balancement redonné volontairement dévie après la pose du témoin.
Péritoine : le balancement dévie.

La collection des témoins essentiels étant ainsi passée, nous constatons que les tubes suivants : ovaires, glandes mammaires, utérus, peau, paroi artérielle, grand sympathique, ont des déficiences trop fortes pour pouvoir sensibiliser l'opérateur directement.

Sur la deuxième électrode, nous posons à nouveau *Ovaires*, et nous balançons ensuite le pendule. De la main gauche, très lentement, nous conduisons l'aiguille mobile vers 100 %. A 35 %, le pendule passe à la giration. Nous notons : « déficience ovarienne : 35 %. »

Nous ramenons l'aiguille à 0 % et nous remplaçons ovaires par *Glandes mammaires*. Nous balançons le pendule comme précédemment, et la giration se produit quand le curseur est à 47 %. Nous notons : « La déficience des glandes mammaires est de 47 %.

Opérant toujours de cette même façon, nous obtenons :
Utérus : 32 %.
Peau : 40 %.
Paroi artésielle : 38 %.
Sympathique : 42 %.

Si nous examinons ce tableau, nous constatons que la déficience de beaucoup la plus forte est celle des Glandes mammaires ; vient ensuite celle des ovaires, puis du sympathique. Il y a toute probabilité pour que les déficiences de ces trois organes soient des déficiences-sources, tandis que les autres ne seront vraisemblablement que des déficiences de position ou de répercussion.

Nous conseillons vivement de contrôler les données de cette analyse par la recherche des rayons remarquables de notre disque-rapporteur, ainsi que nous l'avons exposé précédemment. Une fois cette contre-épreuve terminée, nous pourrons commencer à établir notre feuille d'examen, comme suit :

N° d'ordre : ....   Le ....

EXAMEN BIOESTHESIOMETRIQUE DE :

M ....
    Adresse ....

Ce jour, sur imprégnation du sujet, nous avons obtenu les réactions instrumentales suivantes :

Déficience générale (rayon) .... 26 %
Ovaires, déficience .... 35 %
Glandes mammaires .... 47 %
Utérus .... 32 %
Peau .... 40 %
Paroi artérielle .... 38 %
Sympathique .... 42 %

S. E. O. O.

Signature,

SYNTONISATION
DES RAYONNEMENTS PATHOGÈNES

Pour cette syntonisation, nous aurons besoin des témoins suivants :

Série courante : Cancer, Toenia, axyures, glucose, albumine, urée, calcul rénal, calcul biliaire, Bacille Friedlander, Colibacille, amibe, Bacille d'Eberth, Staphylocoque, Bacillinum, Grippe, Syphilis, Streptocoque, Entérocoque, Méningocoque, Pyocyanique, Gonocoque, Pneumocoque.

Série spéciale (à n'utiliser que dans certains cas) : Lamblia, Ascaris, Psudodiphtérique, Rage, Micrococcus, mélitensis, Tétragène, Pfeiffer, Dysentérique, Parathyphique A et B, Protéus, Anaérobies, Polyomyélite, Malaria, Lèpre, etc.

L'imprégnation où le sujet à étudier étant en A, chaque témoin d'un rayonnement pathogène précité placé en C agit comme le font les témoins organiques, en apportant dans le 3ᵉ circuit, sa fréquence et sa puissance propres non déficientes ; mais, contrairement à ce qui s'est passé avec les témoins organiques, plus la puissance du premier circuit devra être augmentée pour assurer l'accord avec le 3ᵉ, moins sera virulente chez le sujet, la force du rayonnement pathogène examiné. Aussi cette virulence ne sera-t-elle pas indiquée en pourcentage par le chiffre marqué par l'aiguille du potentiomètre, mais par celui fourni en soustrayant ce chiffre de 100 %. Exemple : en C est posé le témoin Cancer, le mouvement pendulaire d'accord est obtenu au-dessus de la bande or quand le potentiomètre marque 56 %. La virulence cancéreuse est donc de 100 % — 56 % = 44 %. Si l'aiguille parcourait jusqu'aux 100 %, sans créer le mouvement pendulaire d'accord, il faudrait conclure à l'absence, chez le sujet, du rayonnement du témoin microbien posé dans le 3ᵉ circuit.

Si étant au chiffre potentiométrique d'accord entre le 1ᵉʳ circuit et le troisième supportant en C un des témoins organiques ayant nécessité une augmentation de puissance, on place auprès de ce dernier — en C — successivement les divers témoins de rayonnement pathogène découverts précédemment, le mouvement pendulaire d'accord sera obtenu en B seulement s'il y a relation entre les deux témoins : organique et pathogène.

Exemple : Si ce mouvement avec le témoin *glande mammaire* n'a pu être obtenu que lorsque l'autre témoin en présence était *Cancer,* on pourra conclure : *Cancer du sein.*

Nous devons toutefois faire remarquer l'obligation que nous avons, toutes les fois que notre examen risque de tomber entre les mains du sujet examiné, de ne pas employer **les mots** : Cancer, Tuberculose, Syphilis, qui peuvent, si le malade ignore son état, lui donner un choc moral très préjudiciable à sa santé. Il y a des moyens de dire la même chose, pour que le médecin comprenne, sans alerter le malade. A chacun de trouver le terme voilé nécessaire.

Nous avons écrit, au début de notre étude, sur la Bioesthésiométrie que, sur l'enveloppe contenant le témoin imprégné adressé à notre examen, devrait figurer entre diverses indications, celle du sexe, obligatoirement. Nous allons expliquer pourquoi.

Admettons que nous recevions pour en faire l'examen, un témoin d'une personne inconnue, sans indication de sexe. Nous trouvons que les organes suivants : Testicules, ovaires, utérus, corps jaune ne fournissent pas l'accord au chiffre de déficience générale. Nous allons en conclure que nous commettons une erreur certaine, et nos détracteurs, devant ce résultat, en profiteront pour démontrer que l'analyse radiesthésique est illusoire. Cependant, nous n'aurons tort et ils n'auront raison qu'en apparence seulement. Si on veut bien se donner la peine de réfléchir, ceci prouve au contraire la parfaite objectivité et la valeur des renseignements donnés. Seule l'interprétation est faussée parce que très difficile, par suite du renseignement de base qui nous manque. En effet, si le sujet examiné est un homme ayant une déficience testiculaire que notre appareil a indiqué justement, il est parfaitement normal, — c'est le contraire qui serait inadmissible, — que les témoins : ovaires, corps jaune, utérus, donnent une réaction de désaccord avec l'imprégnation étudiée.

Si le sujet est une femme ayant les ovaires, le corps jaune et l'utérus déficients, il est certain que le manque absolu d'accord avec le témoin testicules, va nous donner une manifestation pendulaire de désaccord, et ce que nous aurons pris pour un affreux galimatia n'est que l'expression d'une vérité que nous ne pouvons interpréter parce que nous ne sommes pas avertis.

Certes, en recherchant ensuite la valeur de chaque déficience, on doit pouvoir se faire une opinion, car le curseur doit aller jusqu'à 100 % pour les organes opposés au sexe du sujet, mais c'est beaucoup de temps perdu, et n'oublions pas que le curseur va également au 100 % en cas d'ablation des organes. Tout ceci ne peut donc conduire qu'à des erreurs, et c'est pourquoi l'indication du sexe est considérée comme indispensable. L'ère du jeu de devinette est désormais passée en radiesthésie.

RECHERCHE DES ÉLÉMENTS CURATIFS

Nous rappellerons ici, tout d'abord, les divers procédés que nous avons déjà indiqués dans notre « Traité Pratique de Radiesthésie », avec quelques variantes de détail. Ces procédés, suffisants pour celui qui, en amateur, veut syntoniser des médicaments pour lui-même ou pour les membres de sa famille, dans des cas courants, se révèlent insuffisants lorsqu'il s'agit de fournir à un docteur, sur sa demande, une recherche sérieuse et parfaitement documentée.

PREMIER PROCÉDÉ

Prenons dans notre main gauche une main du sujet à examiner, et désirons nous rendre sensibles aux radiations curatives convenant à cette personne et émanant de témoins de plantes ou de diverses matières médicales à notre portée. Demeurons fidèles à cette convention admise une fois pour toutes, que notre pendule, réglé et balancé initialement, prendra une giration quelconque chaque fois que nous enregistrons des radiations curatives se rapportant au sujet.

Passons alors notre pendule au-dessus de chaque témoin assez lentement, et prenons note de tous ceux au-dessus desquels il passera de l'oscillation rectiligne à n'importe quelle giration. Ils seront tous indiqués. Mais ils sont indiqués séparément, c'est-à-dire que l'un ou l'autre peut convenir à lui seul, ou bien qu'il faudra peut-être qu'ils soient pris simultanément, ou encore alternativement.

Pour le savoir, réunissons ensemble les différents témoins syntonisés précédemment, et présentons à nouveau notre pendule oscillant au-dessus de leur ensemble. Si nous obtenons une giration, c'est qu'ils peuvent ou doivent être pris de préférence en même temps. Mais dans quelle proportion ? Si nous disposons pour chaque élément d'une certaine quantité, faisons mettre devant nous de très petites pincées d'un premier produit. Quand la dose optima sera obtenue, le pendule changera de mouvement.

Agissons de même avec chaque élément joint aux précédents ; quand le dernier sera passé, nous aurons obtenu un ensemble où chaque élément interviendra dans les proportions requises.

En recommençant de la même façon avec l'ensemble bien amalgamé, nous obtiendrons la quantité nécessaire et suffisante pour une dose.

Comment doit s'appliquer cette dose ? Usage interne ou usage externe ? Notre main gauche ayant quitté la main du sujet, présentons-la, index pointé, devant l'estomac du malade, tandis que notre pendule se balance au-dessus de la dose. Si le pendule se met à girer, la dose doit être ingérée ; s'il ne tourne pas, c'est qu'elle doit être réservée à l'usage externe. Notre index, parcourant alors le corps du sujet, trouvera facilement le lieu d'application quand le pendule passera de balancement à giration.

DEUXIÈME PROCÉDÉ

Prions le sujet de faire défiler dans sa main gauche, successivement, les éléments dont nous disposons (plantes, minéraux, complexes, etc...), et de tendre vers notre pendule sa main droite fermée avec l'index pointé en antenne. Toutes les fois que le sujet aura dans sa main gauche un élément curatif, notre pendule passera du balancement imposé à une giration. Bien entendu, il faut obtenir de la personne qu'elle attende quelques secondes entre le passage d'un élément à un autre dans sa main, afin de laisser à notre instrument le temps de donner bien nettement ses réactions.

TROISIÈME PROCÉDÉ

Lançons notre pendule sur la main du sujet ou au-dessus d'un témoin imprégné, puis de l'index gauche touchons successivement tous les échantillons de matière médicale dont nous disposons. Chaque fois que notre pendule transformera son balancement en giration, l'élément touché devra être considéré comme curatif.

Pour savoir s'il doit être ingéré ou donné en applications externes, nous nous servirons utilement d'une planche anatomique. Avec le témoin en main, nous viserons de l'index gauche l'estomac, sur la planche. S'il y a alors giration pendulaire, le remède doit être ingéré. Si non, comme au premier procédé (mais sur la planche), on recherchera le lieu d'application.

La planche anatomique ne sert en réalité, par l'image qu'elle nous fournit, qu'à créer le *témoin mental* et à obtenir ainsi l'accord de résonance avec la même partie organique du sujet examiné.

Bien que très employé, nous pensons que ce moyen est d'une valeur discutable. Il suppose en tous cas un long entraînement pour être à l'abri de la suggestion.

BIOESTHÉSIOMÉTRIE ET THÉRAPEUTIQUE

Nous revenons ici à l'emploi de la méthode que nous avons longuement expliquée dans la partie réservée à l'examen biologique.

Pour la parfaite compréhension de ce qui va suivre, nous préférons à un exposé strictement théorique, présenter la recherche des médicaments et de leurs dosages convenant à un sujet ayant donné au Bioesthésiomètre les déficiences déjà décrites, soit :

Déficience générale .... 26 %
Ovaires .... 35 %
Glandes mammaires .... 47 %
Utérus .... 32 %
Peau .... 40 %
Paroi artérielle .... 38 %
Grand Sympathique .... 42 %

Rayonnement *Cancer* en syntonie avec *glandes mammaires*.

Rayonnement *Streptocoque* en syntonie avec *ovaires* et avec *Peau*.

Comme pour l'examen, l'imprégnation ou la main du sujet est toujours sur l'électrode A (1ᵉʳ circuit). Nous amenons l'aiguille du potentiomètre sur le chiffre 10 % qui indique la limite de déficience permettant de parler de bonne santé relative.

Sur l'électrode C (3ᵉ circuit), nous plaçons l'ensemble des témoins organiques et pathogènes que l'étude précédente nous a permis de retenir.

Nous balançons alors notre pendule au-dessus de la bande or (2ᵉ circuit), et il ne peut prendre une giration d'accord que lorsque l'amplitude et la fréquence du 1ᵉʳ circuit auront rejoint celles du troisième circuit ; cette fois non plus avec le secours du potentiomètre, mais bien grâce au concours d'éléments vibro-actifs redonnant au premier circuit ses valeurs normales.

Chacun de ces éléments curatifs se place successivement sur l'électrode A (1ᵉʳ circuit), auprès du témoin-sujet. Chaque fois qu'un élément provoque la giration pendulaire d'accord, nous le mettons de côté.

Ainsi, après avoir passé toute la série dont nous disposons, nous avons retenu, par exemple : *Thuya, Argentum nitricum, Manganum muriaticum, Arsenicum iodatum, Rhus toxico, Graphites, Niccolum metallicum.*

Posons à nouveau *Thuya* sur l'électrode A et notre pendule passe immédiatement à la giration. Ajoutons *Argentum nitricum* à *Thuya* : la giration continue, il n'y a donc aucune contre-indication entre ces deux médicaments.

Joignons maintenant à ces deux éléments, *Manganum muriaticum*. Immédiatement, le pendule semble stoppé dans son mouvement ; ses orbes se réduisent, et on assiste soit à un arrêt total, soit à une reprise du balancement rectiligne. Dans l'un ou l'autre cas, cette transformation du mouvement signifie qu'il y a, pour l'individu examiné, incompatibilité entre l'ensemble formé par Thuya et Argentum nitricum d'une part, et manganum muriaticum d'autre part. Bien que séparément chacun de ces trois éléments curatifs se soit manifesté favorable au rétablissement du malade, leur prise simultanée ou même à intervalles rapprochés pourraient provoquer chez celui-ci soit des réactions ennuyeuses, soit une absence totale d'action des trois médicaments.

Nous retirons donc *Manganum muriaticum* comme étant indésirable, et le remplaçons par *Arsenicum iodatum*. La giration pendulaire reprend et persiste. Ces trois remèdes sont en affinité, en concordance d'action et de rythme vis-à-vis du sujet.

Ajoutons encore *Rhus toxico*. Freinage du pendule, puis balancement ou arrêt. *Rhus toxico* ne peut s'incorporer à l'ensemble déjà formé. Nous le mettrons de côté avec *Manganum muriaticum*.

C'est maintenant au tour de *Graphites* d'aller prendre place auprès des trois éléments qui se trouvent déjà sur l'électrode A. Le résultat est le même que pour *Rhus toxico*, aussi *graphites* le rejoint-il, comme impropre à tenir un rôle dans l'ensemble déjà créé sur l'électrode.

Nous le remplaçons par *Niccolum metallicum*. La giration pendulaire n'est nullement altérée par cette addition. Ce produit s'incorpore donc sans conteste aux médicaments déjà présents sur l'électrode.

Nous avons donc déjà obtenu un groupe cohérent d'éléments curatifs : Thuya, Argentum nitricum, Arsenicum iodatum, Nicollum metallicum. Mettons ce groupe de côté pour le moment et recommençons l'expérience avec les laissés pour compte de tout à l'heure.

Manganum muriaticum posé sur l'électrode, le pendule gire. Ajoutons alors, *Rhus toxico*. La giration s'amenuise et cesse. Rhus toxico ne peut pas s'associer avec le précédent, aussi nous le retirons.

Associons *Manganum muriaticum* et *Graphites*. Le pendule maintient, bien vive, sa giration. Ces deux remèdes peuvent donc s'accoupler dans l'organisme du sujet, sans se nuire, au contraire.

Faisons, enfin, le même essai avec *Rhus toxico* et *Graphites*. Nous constatons qu'ils peuvent s'associer.

A partir de ce moment, trois groupes distincts se présentent à notre choix :

Le premier se compose de quatre éléments : Thuya, argentum nitricum, arsenicum iodatum, nicollum metallicum ;

Le deuxième est formé de deux éléments : Manganum muriaticum et graphites ;

Le troisième comprend également deux éléments, dont un déjà rencontré dans le deuxième groupe : Graphites et Rhus toxico.

Remettons sur l'électrode le premier groupe. Tandis que notre pendule gire, reculons très lentement l'aiguille mobile vers le 0 %, jusqu'au moment où, brusquement, la giration semble freinée dans son amplitude pour devenir rapidement soit inertie, soit balancement rectiligne. Le chiffre de déficience où sera l'aiguille quand ce fait se produira, indiquera jusqu'à quel point l'ensemble ramène vers zéro les déficiences du sujet. Admettons que ce groupe ait amené la déficience à 4 %.

Après avoir ramené l'aiguille sur 10 %, reprenons le même exercice avec le deuxième groupe de produits sur l'électrode. Le pourcentage obtenu est 6 %.

Dans les mêmes conditions, le troisième groupe donne 8 %.

C'est donc le premier groupe que nous aurons intérêt à choisir comme médication, car il est plus actif que les autres. Le rythme de ses produits, en s'imposant mieux, forcera plus facilement les cellules du malade à vibrer de même, ce qu'elles finiront par faire un jour spontanément.

Mais une autre question se pose : est-il préférable de donner les éléments du premier groupe, simultanément ou successivement, et dans ce dernier cas, dans quel ordre et avec quel intervalle de temps entre chaque prise ?

Là aussi, les solutions sont faciles et rationnelles. Nous savons déjà que l' « ensemble » ramène la déficience à 4 %. Reprenons la même technique pour chaque composant, additionnons chaque chiffre obtenu, puis divisons par le nombre de composants. Si la moyenne obtenue ainsi est plus près de 0 % que 4, il y a intérêt à donner les composants l'un après l'autre ; s'il en est autrement, il est préférable de les administrer simultanément.

Quant aux intervalles de temps entre chaque prise, le principe est le suivant : Plus les déficiences sont amorties par les produits syntonisés, plus les intervalles entre chaque prise doivent être grands. De toutes façons, trois ou au maximum quatre prises quotidiennes ne doivent pas être dépassées. S'il y a nécessité de donner plus de quatre médicaments, ils doivent être répartis sur deux jours, en rythme alterné.

Pour ne pas compliquer nos explications, nous n'avons indiqué, au cours de la syntonisation bioesthésiométrique, que les remèdes homéopathiques, mais il est bien entendu qu'on peut utiliser toute sorte de médicaments, soit galléniques, soit phytothérapiques, soit vibro-actifs, etc...

Par les procédés bioesthésiométriques, on peut également rechercher les éléments d'un régime. Ceux qui sont profitables diminuent la déficience générale, ceux qui sont neutres, la laissent à sa valeur initiale, les mauvais l'augmentent.

Tout ce qui concerne la biologie animale ou végétale — j'allais même dire minérale — peut avoir sa solution par l'Esthésiomètre.

Remarque importante : Quand il n'est pas absolument nécessaire d'établir une analyse préliminaire, le praticien peut rechercher immédiatement les produits qui ramènent à 10 % et mieux la déficience générale. Ces produits, d'ailleurs, une fois sélectionnés, permettent un diagnostic approché pour qui en a l'habitude, mais dont la valeur n'est évidemment pas rigoureuse. Il est vrai que la qualité d'un diagnostic n'a pour but que l'établissement correct d'une thérapeutique, et que cela perd une grande partie de son importance lorsqu'on a la possibilité de trouver la médication sans son concours.

Pour nous résumer : la déficience générale permet d'établir le *pronostic, la déficience des organes et la syntonisation des microbes* permettent d'établir le *diagnostic*.

Le chiffre de 10 % retrouvé ou ramené encore plus près du zéro permet de découvrir les éléments d'une *médication personnelle* et qui a l'avantage d'avoir été *ajustée* au sujet avant toute ingestion.

MÉTALLOTHÉRAPIE

Il n'est pas niable, ainsi que l'a constaté le docteur Leprince, et d'autres avec lui, que « les divers métaux exercent sur notre organisme et sur les échanges intra-cellulaires » une influence qui peut être, suivant leur choix judicieux ou non, favorable ou néfaste.

Notre but n'est pas ici de partir des métaux ingérés sous forme de sels, mais de plaques métalliques destinées à être portées sur la peau. Chaque plaque peut comprendre soit un seul métal, soit un alliage plus ou moins complexe de métaux.

Il faut toujours faire porter les plaques par deux : une positive, une négative.

Une plaque positive comprendra un ou plusieurs des métaux suivants : or, cuivre, argent, étain, plomb, antimoine, platine, manganèse, mercure, wolfram...

Une plaque négative comprendra un ou plusieurs des métaux suivants : zinc, aluminium, titane, fer, nickel...

Certains auteurs préconisent pour des cas déterminés des assemblages de métaux établis une fois pour toutes. Nous en donnons un tableau ci-dessous :

Affections nerveuses : positif : argent ; négatif : aluminium + nickel (Leprince).

Epilepsie : positif : cuivre ; négatif : aluminium + nickel (Leprince).

Neurasthénie : positif : argent + platine ; négatif : aluminium + nickel (Leprince).

Angines : positif : cuivre ; négatif : aluminium + nickel (Leprince), zinc (Discry).

Laryngites : positif : argent ; négatif : aluminium + nickel (Leprince). — Positif : or + cuivre ; négatif : aluminium (Discry).

Emphysème - Asthme : Positif : cuivre + or ; négatif : aluminium + nickel (Leprince).

Tuberculose : positif : fer + or ; négatif : aluminium + nickel (Leprince). — Positif : or, antimoine, étain, plomb, cuivre ; négatif : zinc (Discry).

Maux d'Estomac : positif : cuivre ; négatif : aluminium + nickel (Leprince).

Constipation : positif : argent + platine ; négatif : aluminium + nickel (Leprince).

Menstruations abondantes et douloureuses : positif : argent + platine ; négatif : aluminium + nickel (Leprince).

Menstruations défectueuses : positif : or + platine ; négatif : aluminium + nickel (Leprince).

Règles en retard : positif : cuivre ; négatif : aluminium + fer (Leprince).

Métrite : positif : cuivre + or ; négatif : aluminium (Leprince).

Ovarites, Salpingites : positif : platine ; négatif : aluminium (Leprince).

Rhumatismes : positif : or + cuivre ; négatif : aluminium (Leprince).

Rhumatisme noueux : positif : antimoine ; négatif : zinc (Discry).

Eczéma : positif : cuivre ou argent ; négatif : aluminium (Leprince).

Abcès froid : positif : plomb (Discry).
Albumine : positif : autimoine, étain (Discry).
Anémie cérébrale : positif : argent, fer, or (Discry).
Angine de Poitrine : cuivre (Discry).
Anthrax : or, argent (Discry).
Cholrose : fer (Discry).
Maladies de cœur : cuivre, antimoine, argent (Discry).
Congestion pulmonaire : négatif : zinc (Discry).
Coxalgie : négatif : zinc (Discry).
Diabète : positif : argent, or (Discry).
Diphtérie : antimoine ; négatif : zinc (Discry).
Entérite : cuivre, or (Discry).
Fibrome : antimoine (Discry).
Typhus : or (Discry).
Goitre : argent (Discry).
Laryngite : or, cuivre (Discry).

Mal de Pott : or (Discry).
Pleurésie : argent (Discry).
Sciatique : fer (Discry).

Maintenant, nous donnons ci-dessous le tableau métallothérapique, tel que nos expériences personnelles nous permettent de le conseiller :
Veines - Artères : positif : cuivre ; négatif : zinc.
Cœur : positif : argent + mercure ; négatif : nickel.
Muscles : positif : antimoine ; négatif : aluminium.
Appareil respiratoire : positif : étain + or ; négatif : nickel.
Squelette : positif : antimoine ; négatif : aluminium.
Moëlle épinière : positif : or + argent ; négatif : zinc.
Cerveau : positif : argent, wolfram ; négatif : aluminium.
Peau : positif : argent, or, étain, cobalt ; négatif : aluminium.
Intestins : positif : or ; négatif : fer.
Estomac : positif : cuivre ; négatif : fer, aluminium.
Système nerveux : positif : antimoine, or ; négatif : **zinc,** nickel.
Sang : positif : arsenic, cuivre ; négatif : fer.
Reins : positif : antimoine, platine ; négatif : zinc.
Utérus : positif : antimoine ; négatif : aluminium.
Ovaires : positif : antimoine, platine ; négatif : zinc.
Testicules : positif : cuivre ; négatif : aluminium.
Prostate : positif : manganèse, cuivre ; négatif : nickel.
Pancréas : positif : argent, platine ; négatif : zinc.
Foie : positif : mercure, argent ; négatif : titane, nickel.
Rate : positif : cuivre, antimoine ; négatif : fer, titane.
Surrénales : positif : antimoine ; négatif : fer.
Thyroïde : positif : arsenic ; négatif : zinc.
Hypophyse : positif : argent, plomb ; négatif : aluminium, fer, titane.
Ganglions lympathiques : positif : cuivre, plomb, manganèse ; négatif : aluminium.
Algies : positif : arsenic ; négatif : zinc.
Spasmes : positif : cuivre, platine ; négatif : zinc.
Cancer : positif : manganèse, chrome ; négatif : zinc.
B. K. : positif : argent, étain ; négatif : zinc.
Siphilis : positif : argent, bismuth ; négatif : nickel.
Gonocoque : positif : mercure, plomb ; négatif : fer.
Staphylocoque : positif : cuivre, étain ; négatif : fer.
Pneumocoque : positif : argent ; négatif : zinc.

Entérocoque : positif : argent ; négatif : zinc.
Colibacille : positif : platine, plomb ; négatif : fer.
Grippe : positif : cuivre, argent ; négatif : fer, zinc.
Rhumatismes : positif antimoine ; négatif : zinc.
Diabète : positif : manganèse, argent ; négatif : aluminium.
Albuminurie : positif : or, cuivre ; négatif : nickel.
Urémie : positif : cuivre ; négatif : zinc.
Asthme : positif : manganèse ; négatif : fer.
Constipation : positif : plomb, argent ; négatif : aluminium.

La plaque positive qui convient se pose sur le siège du mal ou à la 7ᵉ vertèbre cervicale, la plaque négative de préférence au poignet gauche.

Cette métallothérapie ne peut être qu'un adjuvant externe, souvent précieux d'ailleurs. Son action serait due, d'après le Docteur Leprince, « au courant infinitésimal qui réalise une véritable ionisation intra-cellulaire pouvant rétablir l'équilibre acido-base qui constitue l'état de santé ».

Volontairement, je m'abstiens de parler des thérapeuthiques par les sons, les couleurs, les parfums, etc... Elles n'ont pas, jusqu'à présent, fourni de preuves suffisamment convaincantes de leur efficacité.

LA THÉRAPEUTIQUE VIBRO-ACTIVE

Georges Lakhovsky, dans son livre *Le Secret de la Vie*, précise ces trois vérités essentielles : « La vie est née de la Radiation, entretenue par la Radiation, diminuée et même supprimée par tout déséquilibre oscillatoire. » De cette affirmation, on peut rapprocher celle du Docteur du Theil : « La maladie ne peut exister sans rupture initiale de l'équilibre du système nerveux ; c'est donc à maintenir cet équilibre ou à le rétablir s'il y a lieu, que doivent tendre tous les efforts... La méthode doit donc rester identique quelle que soit la nature de l'agent infectieux. » Et puisqu'il est question d'agent infectieux ou de microbe, reprenons à ce sujet l'opinion de Lakhovsky : « Qu'est-ce qu'un microbe ? dit-il. Est-ce un animal microscopique qui a une bouche et des dents pour dévorer les cellules saines des tissus qui l'environnent ? Nullement. Agit-il par réaction chimique comme une substance corrosive ? Non plus, parce qu'il a une composition à peu près analogue à celle de la cellule à laquelle il s'attaque. Le microbe, c'est tout simplement un circuit oscillant qui, par couplage avec des cellules saines, force celles-ci à osciller sur une fréquence différente de leur fréquence propre d'oscillation, ou bien étouffe leur oscillation en introduisant dans le circuit de ces cellules des résistances électriques (toxines), ou encore émet un rayonnement parasite qui souffle par interférence le rayonnement propre des cellules saines. »

Ce sont ces deux opinions qui m'ont servi d'hypothèses de travail. Puis, grâce à la méthode radiesthésique, j'ai pu préciser par de patients travaux une thérapeutique qui tend avant tout à rétablir l'harmonie vibratoire des ondes de l'organisme et à le ramener ainsi en bonne santé en soufflant par interférence le mode vibratoire parasite installé.

Plutôt que de rechercher le spécifique de tel bacille, ou de telle maladie, je me suis efforcé de déterminer le déséquilibre vibratoire provoqué par le couplage de tel et tel bacilles avec tel ou tel organe, pour combiner ensuite les éléments qui redonneront l'état vibratoire normal à tel organe ou à l'économie entière, suivant les cas.

Pour cela, j'ai étudié et j'ai retenu dans les plantes, dans les métaux, dans les minéraux, non plus comme de coutume leur *substance* agissant sur nos organes ou sur les microbes, mais bien la *nature du mouvement* qui dérive de leur forme. En un mot, ce n'est plus la qualité chimique qui m'a intéressé, mais la disposition des masses et des atomes qui vibrent dans chaque matière « puisque la puissance et le mode d'action qu'exerce cette matière est surtout dans le mode vibratoire qu'elle transmet à nos organes ».

Il peut donc y avoir dans la matière médicale une action qui soit sans relation avec la composition chimique de cette matière ? Rien n'est plus indéniable. Et cette action, la médecine classique l'utilise même parfois empiriquement. Comme le remarquait dès 1885 M. Gautier dans un article de la Revue scientifique : « L'étude des isomères a conduit les chimistes à s'étonner que, par exemple, les quatre essences de térébenthine, de fleurs d'oranger, de poivre et de citron, dont les noms suffisent à indiquer des actions physiologiques différentes, avaient une composition chimique analogue : $C 10 H 16$. » Ces quatre essences ne sont donc « individualisées » que par leurs vibrations propres.

On ne s'étonnera donc pas que les plantes, dans les souches que j'ai composées par synthonisation radiesthésique, ne soient pas forcément celles réputées soit en allopathie, soit en homéopathie, comme guérisseuses de telle maladie, ou comme draineuses de tel état humoral ; de même pour les métaux et les minéraux. J'ai en effet groupé et dosé toutes ces matières sans tenir compte de leur valeur chimique, mais en ne m'occupant que du mode vibratoire créé par un ensemble de ces matières à un dosage donné et rigoureux, compensant le déséquilibre vibratoire provoqué par la maladie, en soufflant l'onde parasite précédemment décrite. Chacune de mes souches, en effet, réalise une radiation synthétique qui est la résultante, bien souvent, du groupage et du dosage de produits vibratoirement disparates. Analytiquement, dans chaque souche, beaucoup d'éléments pris séparément ne vaudraient rien pour le cas à neutraliser ; seule l'onde synthétique formée par leur organisation intime ramène l'harmonie vibratoire et guérit la maladie. Si je puis risquer une comparaison, j'assimilerai ce mode vibratoire synthétique à celui d'une foule. Tout le monde sait que les réactions d'une foule sont presque toujours très différentes et même à l'opposé des réactions personnelles des individus qui la composent. Il en est de même ici.

Je dois dire également que, dans chacune de mes souches, le produit est à dose presque infinitésimale. Si, médicalement, on utilise un élément à dose massive, on donne la priorité, j'allais même dire parfois l'exclusivité, à ses principes chimiques, pleins d'inconvénients, voire de danger, et d'une efficacité souvent douteuse. Si, au contraire, on emploie un élément thérapeutique à dose infinitésimale ou du moins très petite, on se sert de son agencement atomique et par conséquent du mode vibratoire qui lui donne son originalité et ses principales vertus curatives.

Je crois avoir suffisamment indiqué ici, dans leurs grandes lignes, les principes, contrôlés radiesthésiquement, sur lesquels j'ai fondé une nouvelle thérapeutique vibratoire par ingestion.

Les souches ainsi mises au point par des procédés nouveaux, je les ai confiées au Laboratoire de la Pharmacie Centrale Homéopathique (J. Danos, docteur en pharmacie), 28, rue Vignon, Paris (9e). De chaque souche, le Laboratoire a tiré un remède présenté sous forme de petits comprimés solubles de dix centigrammes chacun. Chaque boîte en contient cent vingt, et porte le nom du produit avec l'indication (indispensable à la commande), d'origine : « Souche L. C. ». Quelques rares médicaments à usages externes sont présentés autrement, la liste les indique. Tous ces produits, le Laboratoire les vend soit aux pharmaciens, soit aux particuliers qui en font la demande. Une trousse existe également qui peut servir de trousse-témoin. Une trousse de pharmacie familiale est à l'étude.

Voici la nomenclature de ces produits avec leur destination thérapeutique large, et, entre parenthèses, les numéros des anciennes trousses. Les numéros ne figurant pas ont été supprimés comme faisant double emploi avec un autre produit :

Cochlearia 4ᵉ *H* (*souche L.C.*) : Maladies de peau et vices du sang (VA 1).

Aesculus 4ᵉ *H* (*L. C.*) : Circulation sanguine, endocardite, myocardite, péricardite, artériosclérose, varices, hémorroïdes (VA 4 et F 2).

Colchicum 4ᵉ *H* (*L. C.*) : Arthritisme, tous rhumatismes, goutte (VA 2).

Damiana 4ᵉ *H* (*L. C.*) : Anémie, anémie cérébrale, Impuissance (VA 3).

Anacardium 4ᵉ *H* (*L. C.*) : Gastrite aiguë ou chronique, embarras gastrique, hyper ou hypochlorhydrie, flatulences, gastralgies, crampes et borborygmes (VA 5 et F 16).

Sarsapareilla 4ᵉ *H* (*L. C.*) : Congestion du foie, Ascite, Ictère, Lithiase biliaire, Angiocholite, Cholécystite, Insuffisance hépathique (VA 6 et F 20).

Passiflora 4ᵉ *H* (*L. C.*) : Insomnie, nervosisme, psychasthénie (VA 7).

Lachesis 4ᵉ *H* (*L. C.*) : tous les troubles de la Ménopause (VA 8).

Adonis 4ᵉ *H* (*L. C.*) : Asthme, Emphysème, Etouffements (VA 9 et F 24).

Coccus N. 4ᵉ *H* (*L. C.*) : Blennorrhagie et toutes gonococcies (VA 10 et 38 B).

Prostatin. 4ᵉ *H* (*L. C.*) : Prostatite, équilibrant de la prostate (V 11, 291).

Coravia Myrt. 4ᵉ *H* (*L. C.*) : Epilepsie, chorée, tremblements (VA 12 et F 10).

Coccus Cacti 4ᵉ *H* (*L. C.*) : Coqueluche, toux spasmodiques, hoquet, certains spasmes (VA 13).

Rhus Tox. 4ᵉ *H* (*L. C.*) : Névralgies, sciatique, névrite (VA 14).

Conium 4ᵉ *H* (*L. C.*) : Paralysie infantile (VA 15).

Gaiacol 4ᵉ *H* (*L. C.*) : Fistule anale, états tuberculiniques (VA 16).

Resorcinum 4ᵉ *H* (*L. C.*) : Tabès, sclérose en plaques (VA 17).

Pyrosulite 4ᵉ *H* (*L. C.*) : Etats pré-cancéreux, pré-tuberculeux, antihyposphyxique (VA 18).

Asa Foetida 4ᵉ *H* (*L. C.*) : Maladies osseuses, Rachitisme, Mal de Pott, Coxalgie (VA 19 et F 9).

Spongia 4ᵉ *H* (*L. C.*) : Equilibrant de la Thyroïde, Goitre exophtalmique (VA 20 et 15 B).

Senecio 4ᵉ *H* (*L. C.*) : Diabète sucré (VA 21).

Equisetum 4ᵉ *H* (*L. C.*) : Incontinence d'urine (VA 22).

Acanthea 4° *H* (*L. C.*) : Insomnie, spasmes, spermatorrhée, contractures (VA 23).
Aletris 4° *H* (*L. C.*) : Congestion rénale, Brightisme, Néphrite (VA 24).
Kalmia 4° *H* (*L. C.*) : Urémie, Albuminurie, maladie d'Addison (VA 25).
Corydalis 4° *H* (*L. C.*) : Syphilis (VA 26 et 37 B).
Vipera 4° *H* (*L. C.*) : Ulcères variqueux (VA 27).
Hydrastis 4° *H* (*L. C.*) : Leucorrhée, métrorrhagie, métrite, ovarite, salpingite (VA 28 et F 19).
Artemisia Vulg. 4° *H* (*L. C.*) : Aménorrhée (VA 29).
Tanacetum 4° *H* (*L. C.*) : Vermifuge (VA 30 et F 33).
Podophyllum 4° *H* (*L. C.*) : Constipation (VA 31).
Bacillus C. 4° *H* (*L. C.*) : Colibacillose, Typhoïde (VA 32).
Allium Sat. 4° *H* (*L. C.*) : Stomatites, Amygdalites, Angines (VA 33).
Colocynthis 4° *H* (*L. C.*) : Entérites, Diarrhées, Entérocholites, Dysenteries, Coliques (VA 34).
Chimaphilla 4° *H* (*L. C.*) : Lithiase rénale, pyélite, pyélonéphrite (VA 35 et F 32).
Cantharis 4° *H* (*L. C.*) : Cystite aiguë ou chronique (VA 36).
Bryonia 4° *H* (*L. C.*) : Bronchites, Broncho-pneumonie, pneumonie (VA 37 et F 7).
Digitalis 4° *H* (*L. C.*) : Tonique du cœur, dilatation, affections valvulaires, hypotension (VA 38).
Salix Alba 4° *H* (*L. C.*) : Sédatif du cœur, hypertrophie, hypertension, angine de poitrine (VA 39 et F 1).
Aethusa 4° *H* (*L. C.*) : Adénites, Adénomes, Lymphangites (VA 40).
Artemisia Absinth. 4° *H* (*L. C.*) : Douves du foie, Anguillules, Ankylostome, Tœnia (VA 41).
Phytolacca 4° *H* (*L. C.*) : Obésité chez l'homme ou la femme (VA 42).
Basilicum 4° *H* (*L. C.*) : Défaut d'appétit, digestion lente, faiblesses (VA 43).
Sticta 4° *H* (*L. C.*) : Pharyngite, Laryngite, affections de la gorge (F 5).
Stramonium 4° *H* (*L. C.*) : Hémiplégie, Ataxie F 11).
Belladonna 4° *H* (*L. C.*) : Grippe, fièvres éruptives (F 15).
China 4° *H* (*L. C.*) : Anémie, chlorose (F 18).
Natrum Muriatic. 4° *H* (*L. C.*) : Ensemble endocrinien (F 21).
Calotropis 4° *H* (*L. C.*) : Lymphatisme (F 22).

Echinecea 4° *H* (*L. C.*) : Furonculose; streptococcie (23 B et 39 B).
Melilotus 4° *H* (*L.C.*): Migraine, certaines algies de la tête (F 24).
Gentiana 4° *H* (*L. C.*) : Neurasthénie, dépression mentale et physique (F 25).
Sanguinaria 4° *H* (*L. C.*) : Tuberculose pulmonaire (F 26).
Scilla mar. 4° *H* (*L. C.*) : Pleurésie, pneumonie (F 27).
Cistus 4° *H* (*L. C.*) : Toutes affections des oreilles (F 29).
Comocladia 4° *H* (*L. C.*) : Toutes affections des yeux (F 30).
Stillingia 4° *H* (*L. C.*) : Toutes affections du nez, sinus (F 31).
Ovarinum 4° *H* (*L. C.*) : Appareil génital féminin (34 B).
Orchitinum 4° *H* (*L. C.*) : Appareil génital masculin (35 B)
Surrenal. 4° *H* (*L. C.*) : Equilibrant surrénalien (5 B).
Thuya 4° *H* (*L. C.*) : Diverses tumeurs (F 8).
Pancréatin. 4° *H* (*L. C.*) : Equilibrant du Pancréas (17 B).
Splenin. 4° *H* (*L. C.*) : Equilibrant de la rate (21 B).
Hypophysin, 4° *H* (*L. C.*) : Equilibrant de l'Hypophyse (27 B).
Solidago 4° *H* (*L. C.*) : Equilibrant de la vessie (31 B).
Betula Alba 4° *H* (*L. C.*) : Drainage polyvalent (40 B).

REMEDES A USAGES EXTERNES

Cérat à l'Echinacea (*L. C.*) : Contre la furonculose.
Onguent au Laurus nob. (*L. C.*) : Contre les ulcères variqueux.
Onguent à l'Ailanthus (*L. C.*) : Contre les glandes.
Liniment au Magnola (*L. C.*) : Contre les Rhumatismes.
Onguent au Vitis Rubra (*L. C.*) : Pour frictions antivariqueuses.
Onguent au Petroleum (*L.C.*) : Contre les engelures.
Liniment à l'Erysimum (*L. C.*) : Révulsif anticongestif pour bronchites, congestion pulmonaire, etc...
Ricinus (*L. C.*) : Lotion capillaire contre la chute des cheveux.

LES ONDES NOCIVES

Elles sont dans le monde médical et savant l'objet d'une polémique passionnée. Il y a ceux qui y croient et ceux qui ne les admettent pas. Afin de porter sur elles une opinion aussi juste que possible, nous communiquons ici le résultat de nos travaux.

De multiples constatations nous obligent, pour notre part, à considérer comme réelles les « ambiances nocives ». Nous disons à dessein ambiance et non radiations, afin de ne pas limiter aux seules ondes le caractère nocif.

Les êtres vivants évoluent dans un milieu essentiellement électrique, composé d'une part par les courants atmosphériques et, d'autre part, par les courants telluriques qui sont dans le sous-sol, auxquels s'ajoutent les différents rayonnements sidéraux, et qui ionisent l'atmosphère que nous respirons.

Notre planète est donc un vaste conducteur électrique, composé, dans ses couches assez proches, de matériaux divers n'ayant pas même ductilité. Aussi des différences de potentiel parfois énormes existent-elles entre ces diverses parties.

Si nous vivons habituellement sur un terrain homogène, nous sommes, quel qu'en soit le potentiel, en milieu électriquement équilibré, et tout est parfait pour nous ; mais si notre habitation, notre lit, notre lieu de travail, se trouvent placés à la verticale d'une faille (endroit du sous-sol où brusquement finit un matériau et en commence un autre), d'un courant d'eau profond, d'un croisement de deux courants formant diélectrique, d'un filon minéral, nous sommes en milieu d'instabilité électrique presque permanente par suite du changement de potentiel s'établissant sous nos pieds, et créant dans la basse atmosphère une ionisation anormale.

Ce déséquilibre électrique, cet air ionisé anormalement, ont leur répercussion dans nos cellules infiniment réceptrices, et surtout dans notre système nerveux qui, de ce fait, ne joue plus ou joue mal son rôle d'ordonnateur et de défenseur de l'immense cité aux individus et aux industries multiples que représente notre corps.

Lentement, insidieusement, des désordres, des anarchies, commencent à se produire qui, si on n'y prend garde, conduiront, suivant d'obscures et parfois lointaines hérédités, ou des vices actuels de table ou d'hygiène, les unes vers le cancer, d'autres vers les rhumatismes, certains vers des sympathoses, des troubles cardiaques, etc...

D'autres causes que les accidents du sous-sol peuvent produire une ionisation nocive, mais elles sont moins permanentes, plus fugaces, et présentent ainsi un danger moindre. Certains vents, tels que l' « autan », de la région toulousaine, la « tramontane » du Bas-Languedoc, le « fœhn », de Suisse, sont vraiment nocifs. La cause en est, d'après les recherches du Docteur Dieudonné, de Cambo, de Pressat, et de Chaize, une ionisation de l'air. Les malaises ainsi causés s'atténuent d'ailleurs rapidement quand on fait respirer aux malades un air déionisé par passage dans un filtre à pulvérisation d'eau.

Des statistiques précises font constater des décès groupés chez les tuberculeux au moment de certaines variations de l'électrisation atmosphérique. On a pu faire, à Cambo, un rapport certain entre ces variations et 82 % des hémoptysies.

Comme on le voit, il n'y aurait pas, contrairement à ce que quelques confrères supposent, des radiations spécifiquement tuberculeuses, émises par le sol, mais seulement un déséquilibre d'ordre général que chaque organisme transpose selon ses propres dispositions en cancer, en rhumatismes, etc...

Comment déceler ces radiations ou ambiances mauvaises ? Par les mêmes procédés que pour n'importe quelle recherche souterraine, mais en réglant le pendule en longueur au-dessus du point de jonction de deux fils électriques d'inégale ductilité, reliés aux pôles d'une pile (1).

---

(1) On peut se servir d'un témoin constitué par un tube de verre ouvert et contenant une aiguille aimantée dont la pointe N est vers l'ouverture et le ciel.

Pour contrôler la prospection, on peut utiliser un électromètre construit suivant le schéma que nous donnons ci-dessous :

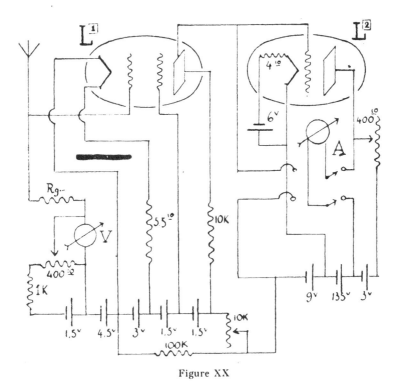

Figure XX

Maintenant, il nous reste à passer en revue et à apprécier les différents moyens mis à notre disposition pour se protéger de ces radiations si dangereuses, et qui, trop souvent, empêchent la guérison de bien des maladies, malgré les meilleurs traitements.

Le premier moyen, et le meilleur de tous, que l'on doit utiliser chaque fois qu'on le peut, est d'éviter de placer son lit, son bureau et son fauteuil de travail, son établi, etc..., à la verticale d'une des zones reconnues comme dangereuses. Mais, en cas d'impossibilité, on doit alors avoir recours à divres procédés de valeur d'ailleurs inégale, ainsi que le démontrent le pendule et les électromètres.

On peut citer :

Le Dispositif -Henri Chrétien pour lequel je ne possède que la documentation que l'auteur donne dans ses livres, mais qui, à priori, me semble assez bien conçu.

Une toile à sac en tissu de chanvre ou de jute, grossièrement tissée (procédé indiqué par M. Orcel) qui, effectivement, réduit dans certains cas les réactions électrométriques et pendulaires, assez notablement. Cette toile peut d'ailleurs être remplacée avantageusement par un treillage en fil de fer. On pose l'un ou l'autre sur le sol.

Le soufre auquel l'électromètre se refuse à reconnaître une quelconque vertu.

Le charbon, très faible réducteur des ondes nocives.

La couleur noire qui se révèle être une simple plaisanterie.

Le sceau de Salomon (plante) qui jouit effectivement de la propriété de neutraliser en partie les ondes nocives, jusqu'au moment de sa saturation (exclusivement) qui ne tarde pas à se produire, malheureusement.

Les Eliminateurs Noci-Radia, de M. Blanchard qui, dans certains cas seulement, m'ont donné une réduction assez sensible des réactions électrométriques.

Le neutralisateur de M. Larvaron, mis au point avec la collaboration du Docteur Jules Regnault. Je ne l'ai pas expérimenté.

Le capteur d'ondes de M. Christophe, dont je n'ai pu vérifier moi-même la valeur, mais dont on m'a dit le plus grand bien.

L'appareil de Lakowski qui ne diminue que très faiblement les réactions de l'électromètre.

L'Aspironde de l'Abbé Mermet qui vaut encore moins que l'appareil ci-dessus mentionné.

J'ai assisté, il y a quelque temps, à des essais intéressants d'un neutralisateur conçu par M. Georgelin ; je l'ai même expérimenté, mais je n'ai pas eu le temps de tirer des conclusions définitives, en bien ou en mal.

De tous ces appareils, de tous ces procédés, lequel choisir de préférence ?

Parmi six moyens qu'il avait inventé de violer l'azur vierge, Cyrano en choisit un septième. Nous avouons que c'est un peu ce que nous avons fait. Mal satisfait de ce qui nous était proposé jusqu'ici dans ce domaine, nous avons cherché nous-mêmes à mettre au point une neutralisation qui, sous le constant contrôle de l'électromètre, nous permettrait d'annihiler totalement, ou presque, dans la plupart des cas, les radiations nocives. Après bien des échecs, des tâtonnements, nous sommes arrivés à mettre au point un appareil que nous avons nommé le « *Noci-Protector* ». **Peu** encombrant, d'un prix abordable, c'est lui qui, à ce jour, nous a donné les meilleurs résultats. Quand paraîtra ce livre, je pourrai le livrer à tous ceux qui me le demanderont. Sa durée est illimitée.

Le « *Noci-Protector* » est constitué par un petit récepteur adapté à la fréquence des ondes nocives émises par les failles et par les croisements d'eau souterrains, et dont les caractéristiques sont aujourd'hui scientifiquement connues tant par sondage physique que radiesthésique. Ce récepteur après avoir attracté et capté les ondes en question, ainsi que leurs champs électrique et magnétique, les dirige vers un double circuit qui les amortit totalement en les transformant en chaleur.

L'expérience a démontré que le rayon de protection de l'appareil est d'environ cinq mètres. Il y a donc lieu de placer le « *Noci-Protector* » sur la zone nocive, le plus près possible du lieu à protéger. Si l'endroit est difficilement détectable ou si l'on craint une erreur, il est recommandé d'user alors de deux appareils placés respectivement aux coins opposés de l'immeuble ou de la pièce à neutraliser, en prenant soin qu'ils ne soient pas séparés de plus de dix mètres. Il est préférable, toutes les fois que la chose est possible, de poser le ou les appareils au niveau du sol, et même au sous-sol quand il y en a un. Il protège ainsi le rez-de-chaussée et tous les étages superposés, dans les limites horizontales déjà indiquées.

LE « BIORÉFLECTEUR »

Cet appareil physique, conçu par moi et réalisé sous mon contrôle par des ingénieurs de radio, permet d'envoyer des ondes créant une ambiance euphorique autour des sujets qui y sont soumis, quel que soit le lieu où ils habitent sur la planète.

Il est constitué par un poste émetteur sur ondes ultra-courtes, au foyer duquel se placent les éléments syntonisés, et d'un poste récepteur et projecteur où se pose le témoin imprégné du sujet. Ce témoin reçoit les ondes euphoriques dirigées sur lui par le poste modulant, puis ensuite les projette dans l'espace en leur servant d'onde porteuse exactement accordée au sujet qui doit les recevoir, et qui est ainsi seul à être influencé par elles.

Le Bioréflecteur est alimenté par le secteur après rectification de courant, et toutes les ondes, celles des éléments euphoriques et celle du témoin, sont excitées et amplifiées par un dispositif de lampes spéciales.

De nombreuses expériences ont été faites à ce jour sous contrôle médical. Dans un très grand nombre de cas, des résultats remarquables ont été obtenus. Je suis à la disposition de tous les médecins qui voudraient faire un essai, en m'adressant quelques témoins de clients.

Nous donnons ici une photographie du premier Bioréflecteur. Volontairement, nous ne nous étendons pas plus sur ce sujet, notre intention étant de publier plus tard une brochure consacrée uniquement à cet appareil, qui est destiné aux seuls médecins.

LA RADIESTHÉSIE AU SERVICE DE L'ART MÉDICAL 185

Figure XXI

LE CANCER

Nous n'avons pu nous empêcher de consacrer une grosse partie de notre temps à l'étude captivante du cancer et de ses causes. Nous avons fait construire pour ces travaux, des appareils coûteux. Nous regrettons de ne pouvoir y consacrer plus de temps et d'argent, persuadés que nous sommes d'être sur la bonne route.

Si, un jour, un mécène lit ces lignes, qu'il sache qu'avec des moyens importants dont je ne puis disposer, des découvertes primordiales, dans ce domaine, pourraient être faites, et que de nombreuses vies humaines pourraient être sauvées.

Voici mon opinion sur le cancer: Celui-ci est une maladie générale, forme ultime de l'arthritisme, dont la tumeur n'est qu'une réaction de défense de l'organisme, localisée en un point du corps, où viennent, comme dans un abcès de fixation, se fixer les cellules en état d'anarchie qui finissent par former une colonie vivant de sa vie propre aux dépens des cellules saines voisines qu'elle anarchise à leur tour, comme le feraient certains parasites, tels les champignons.

Bien avant qu'il y ait tumeur, le sang présente, à l'analyse de nos instruments, une sous-oxygénation remarquable, un rayonnement comparable à celui des hydrocarbures, de petites traces d'urée, en un mot un terrain splendidement propice à l'éclosion de la cellule mycosique qui a tant d'analogie avec la cellule cancéreuse. Quand la tumeur (véritable bourrier cellulaire de l'organisme) existe, elle finit, après avoir été d'abord une élimination bienfaisante, par devenir elle-même un foyer nouveau et dangereux d'intoxication et de prolifération, puis d'anémie et de cachexie par ses besoins en fer qu'elle puise au sang.

A la demande d'un certain nombre de médecins s'intéressant à nos travaux, nous avons étudié, sur le plan strictement expérimental, une quantité importante de témoins de cancéreux. Nous avons à chaque fois relevé le nom de chaque produit qui syntonisait, et nous avons pu constater, à ce jour, un fait assez curieux : deux éléments sont *toujours* sortis à la syntonisation, trois autres presque toujours, deux autres assez fréquemment. Le reste semble sortir incidemment et donc, à notre avis, syntoniser avec des déficiences ajoutées à celles relevant strictement du cancer.

Nous avons confié cette formule à divers médecins pour qu'ils en fassent l'essai dans les cas qui, à leur jugement, auraient dépassé les possibilités de la médecine. Nous croyons savoir que dans plusieurs cas, les résultats ont été au-dessus de toutes les prévisions les plus optimistes ; pas toujours, cependant, et je continue à travailler sur ce sujet.

Je suis à la disposition de tout médecin qui désirerait connaître ma formule afin de l'essayer pour la lui communiquer.

ACUPUNCTURE RADIESTHÉSIQUE

L'acupuncture, comme on le sait, est une méthode chinoise qui consiste à provoquer, par des piqûres (sans aucune injection) à des points cutanés précis d'émergence de filets nerveux, une transmission du choc aux centres nerveux qui, eux-mêmes, reportent ensuite à l'organe intéressé l'excitation reçue, lui permettant ainsi de recouvrer sa vitalité perdue ou amoindrie, et de pouvoir, le cas échéant, lutter contre une infection locale ou généralisée, ou compenser un trouble fonctionnel ou lésionnel.

Des guérisons d'états chroniques ou aigus, même parmi ceux réputés incurables par les moyens classiques, sont à l'actif de cette méthode qui, selon certains auteurs, remonterait au XXVIII° siècle avant Jésus-Christ.

En Europe, elle demeure presque totalement inconnue jusqu'à nos jours, si on excepte les timides et maladroits essais d'implantation faits par Vicq d'Azyr et Desjardins au XVI° siècle de notre ère, par le père du compositeur Berlioz, qui était médecin au début du XIX° siècle, Dabry dans sa deuxième partie.

Cette thérapeutique paraissait vouée au plus complet oubli quand le livre de Soulié de Morant « La vraie acupuncture » et les articles qu'il publia sur cette question, en tandem littéraire avec le Docteur Ferreyrolles, remirent cette méthode à l'ordre du jour tant dans l'attention du public que du corps médical.

Aujourd'hui, un nombre encore petit de médecins, la plupart homéopathes, pratiquent l'acupuncture chinoise tant en France que dans les divers pays d'Europe. Je dis bien *l'acupuncture chinoise*, basée sur les théories du Iang et du Inn, les deux grands principes de la philosophie de l'Empire du Milieu, principes qui s'opposent et dont l'harmonie, l'équilibre, constituent la santé, alors que la maladie naît de la prédominance de l'un ou l'autre principe.

Les points d'acupuncture sont eux-mêmes reliés à des méridiens Inn et des méridiens Iang, et pour connaître ceux qu'il faut valablement piquer, le praticien doit se livrer à un difficile diagnostic, prêtant singulièrement à la suggestion, par auscultation de différents pouls en relation avec des méridiens Iang et Inn. Il y aurait sur l'artère radiale autant de pouls que de méridiens, plus une distinction secondaire de pouls superficiel et de pouls profond. L'ensemble de toutes ces précautions et investigations liminaires constituent vraiment un casse-tête... chinois !

De plus, quelque parfaites que soient les connaissances du praticien en anatomie, il éprouve une grande difficulté à piquer avec exactitude aux points d'émergence qui ne représentent guère, chacun, qu'une surface d'un millimètre de diamètre. Aussi peut-on penser au nombre incalculable de piqûres faites en des points absolument neutres, et qui, de ce fait, sont totalement inefficaces, quand il n'aurait fallu parfois qu'un simple déplacement de l'aiguille à un ou deux mm. du point cutané piqué, pour obtenir un magnifique résultat.

C'est à la plus grande précision dans le choix et l'emplacement des points d'acupuncture que va tendre la méthode que j'ai mise au point après un long et patient labeur. Elle est infiniment plus simple que la méthode chinoise et ses résultats plus **sûrs**.

Mode opératoire :

Poser le pendule au-dessus de l'artère radiale du sujet, là où se prend habituellement le pouls, et le régler de façon à obtenir une giration continue.

Après quoi, balancer volontairement le pendule, en oscillations rectilignes, au-dessus de l'artère radiale du sujet, tandis que la main gauche armée d'une pointe parcourt, sur **les dessins anthropographiques ci-joints, les points indiqués** et numérotés se rapportant aux maladies ou aux symptômes ressentis.

Chaque fois que la pointe fixera sur le dessin un point valable le pendule se mettra à girer. On retiendra ainsi les seuls points intéressants.

Par le même procédé, mais avec une infinie minutie, on **les fixera ensuite sur le corps du sujet à l'aide d'un crayon** gras ; puis avec des aiguilles métalliques très fines et parfaitement aseptiques, on piquera le centre même de ces points, en enfonçant de quelques millimètres dans la peau. Toutefois, pour les cas chroniques, on aura avantage à enfoncer l'aiguille plus profondément, en faisant toujours très attention de ne pas atteindre l'os. Pour cela, dans certaines régions du corps où les os sont près de la peau, on piquera obliquement l'aiguille.

Pour tonifier un organe, on laissera l'aiguille environ un quart d'heure, et on l'introduira lentement par rotations. De même pour la retirer.

Pour décongestionner et calmer, trente à soixante secondes suffiront, et l'aiguille sera poussée d'un coup sec, et retirée pareillement.

Eviter les séances d'acupuncture chez un sujet qui vient de faire un repas trop copieux, ou qui est à jeun depuis trop longtemps.

Plus la maladie est ancienne, plus le nombre de séances doit être important pour obtenir un bon résultat.

Comme on le voit, le procédé est simple, mais cela ne l'empêche pas de demeurer difficile. La qualité de l'action obtenue sera en relation avec la qualité du radiesthésiste qui opérera. Là comme ailleurs, un long, un très long entraînement est nécessaire avant de réaliser correctement les localisations de points sur le sujet.

MALADIES DU CERVEAU

Amnésie

Point n° 1 : Situé sur la face antérieure du poignet vers 1 cm au-dessus de l'apophyse, sur l'artère radiale.

Point n° 2 : Situé à gauche et à droite, à environ 4 cms de la colonne vertébrale, au niveau du 3ᵉ trou du sacrum.

Point n° 3 : A 6 mm 5 de la colonne vertébrale à gauche et à droite, au niveau de l'apophyse épineuse de la 4ᵉ vertèbre dorsale.

Point n° 4 : Au milieu de la face antérieure de l'avant-bras, à 5 cm environ au-dessus de l'articulation du poignet.

Point n° 5 : Sur le dos de la main, entre le 4ᵉ et 5ᵉ métacarpien, et à environ 2 cm 5 de l'angle de jonction de l'annulaire et de l'auriculaire.

Point n° 6 : Au centre de la colonne vertébrale, sous la 6ᵉ dorsale.

Point n° 7 : Au sommet de la tête, sur une ligne joignant la partie supérieure du pavillon de chaque oreille.

Céphalalgie

Point 8 : A 16 cm environ au-dessus de l'apophyse radiale sur l'avant-bras artéro-externe.

Point 1 : Voir l'emplacement précédemment.

Point 9 : Sur l'éminence thénar, à 1 cm au-dessus de la jonction du premier métacarpien et du trapèze.

Point 10 : Vers l'extrémité de l'angle que l'on fait en rapprochant le pouce et l'index.

Point 11 : Sur la face externe de la jambe, à mi-hauteur entre le coup de pied et la rotule, sur une ligne partant du premier orteil après le pouce.

Point 12 : Sur le front, à la naissance des cheveux, sur une ligne partant de la commissure interne des yeux et montant par le bord interne des sourcils vers le sommet de la tête.

Point 13 : Poing fermé, entre les jointures de tous les doigts.

Coma

Point 14 : Sous le pied, dans le creux formé entre la base du pouce et le renflement des quatre autres orteils, ceux-ci étant fléchis.
Point 7 : Voir l'emplacement précédemment.

Anémie cérébrale

Point 15 : Face interne du gros orteil.
Point 16 : Sur la face palmaire du petit doigt de la main vers l'annulaire.

Congestion cérébrale

Point 17 : Sur le plan dorsal du pouce, vers 1 mm 5 à 2 mm en arrière de l'angle du côté de l'index (aiguille oblique).
Point 10 : Voir l'emplacement précédemment.
Point 18 : Sur le côté externe du pied, un peu au-dessous de l'emplacement de l'apophyse du 5ᵉ métatarsien.
Point 19 : Sur une ligne prolongeant la face palmaire de l'auriculaire, sur l'artère cubitale, face à la saillie de l'apophyse cubitale.
Point 20 : Faire placer la main sur l'épaule. Dans cette position, à distance à peu près égale du pli du coude et du poignet, sur la face postéro-interne de l'avant-bras. Enfoncer l'aiguille obliquement.
Point 21 : Sur la main, côté dorsal, à 3 cms au-dessus de l'angle formé par l'annulaire et l'auriculaire, entre le 4ᵉ et 5ᵉ métacarpien.

Hémiplégie

Point 10 : Voir l'emplacement précédemment.
Point 22 : Sur le côté avant de l'épaule, vers l'extérieur, entre acromion et humérus, à l'endroit où se produit un creux quand on élève le bras en avant.
Point 19 : Voir l'emplacement précédemment.
Point 23 : Sur le bord interne de la main fermée, en arrière de l'articulation phalango-métacarpienne de l'auriculaire, en arrière de la tête du 5ᵉ métacarpien.
Point 7 : Voir l'emplacement précédemment.

Méningite

Point 24 : A la jonction des premier et deuxième orteils.
Point 25 : Entre les 1ᵉʳ et 2ᵉ métatarsiens, sous la tête de ce dernier, au coup de pied.
Point 7 : Voir l'emplacement précédemment.

Migraines

(Les points avec une + indiquent ceux qui conviennent plus particulièrement en cas de migraine avec vomissements.)

Point 1 + : Voir emplacement précédemment.
Point 26 : Environ 10 cms au-dessus de l'apophyse radiale.
Point 27 : A la limite des cheveux au-dessus du sourcil, à la partie externe et supérieure du muscle frontal.
Point 28 : 4-5 cms en avant du tragus, en arrière de la partie postérieure du masséter.
Point 29 + : Face interne du gros orteil, vers l'articulation métatarso-pharyngienne.
Point 30 : A la racine du nez.
Point 31 : Juste au-dessus de l'arcade sourcillière.

MALADIES DU NEZ

Epistaxis

Point 32 : Entre la 1re et la 2e côte.
Point 33 : Face antérieure du bras.
Point 10 : Voir précédemment.
Point 34 : Face postérieure basse de la cuisse, côté interne.

Perte de l'odorat

Point 35 : Dans le dos, à gauche de la colonne vertébrale.
Point 12 : Voir précédemment.
Points 36 et 37 : Au milieu du front, légèrement au delà de la naissance des cheveux.

Sinusite

Point 38 : Sur le dos de la main.
Point 39 : Sur le côté du nez.

Ulcération du nez

Point 39 : Voir précédemment.
Point 40 : Derrière la tête, dans le cuir chevelu.

Mucosités nasales

Point 32 : Voir précédemment.
Point 39 : Voir précédemment.
Point 18 : Voir précédemment.

Nez sec
Point 18 : Voir précédemment.

Eternuements
Point 41 : Au milieu du pli du coude.
Point 42 : Sur le bras, côté externe.
Point 21 : Voir précédemment.

Coryza
Point 43 : Face antérieure du poignet.
Point 10 : Voir précédemment.
Point 26 : Voir précédemment.
Point 44 : Un peu à gauche de la colonne vertébrale.

Abcès du nez
Point 45 : A l'intérieur de la lèvre, au point de suture de la lèvre et de la gencive inférieure.

MALADIES DE LA GORGE

Angine
Point 41 : Voir précédemment.
Point 8 : Voir précédemment.
Point 18 : Voir précédemment.
Point 46 : Derrière la tête, près de l'oreille.
Point 47 : A la nuque.

Amygdalite
Point 43 : Voir précédemment.
Point 17 : Voir précédemment.
Point 10 : Voir précédemment.
Point 48 : Au poignet, face interne.
Point 49 : Au milieu du poignet, face interne.

Tumeur de la gorge
Point 17 : Voir précédemment.
Point 47 : Voir précédemment.

Enrouement
Point 18 : Voir précédemment.

Abcès à la gorge
A l'extrémité des doigts de chaque main, sous l'ongle.

Rhinite
Point 50 : Au milieu de l'extrémité du nez.

MALADIES DE LA BOUCHE

Odontalgie
Point 43 : Voir précédemment.
Point 51 : Sur la phalangette de l'index, côté du pouce.
Point 52 : Sur le dos de l'index, côté pouce.

Lèvres enflées
Point 53 : Sur le côté externe de l'avant-bras.

Carie dentaire
Point 54 : Sur la phalangette du 2ᵉ orteil.

Névralgie dentaire
Point 48 : Voir précédemment.

Abcès de la bouche
Point 25 : Voir précédemment.
Point 55 : Sur le cartilage thyroïdien.

Douleurs des gencives
Point 45 : Entre les incisives supérieures.

MALADIES DES YEUX

Conjonctivite
Point 56 : Côté externe de l'avant-bras.
Point 49 : Voir précédemment.
Point 57 : Devant le milieu du lobule de l'oreille (quand la conjonctivite est blennorragique).

Kératite
Point 56 : Voir précédemment.
Point 58 : Au niveau du coup de pied, sur le côté externe.

Eblouissements
Point 51 : Voir précédemment.
Point 59 : Derrière la tête, au niveau de l'oreille.

Point 60 : (Aiguille oblique) au niveau de l'angle externe onguéal du 5° orteil.

Diplopie
Point 61 : Face antérieure externe de la jambe.
Point 62 : Sur la phalangette du 2° orteil.

Blépharospasme
Point 61 : Voir précédemment.
Point 63 : Sur le bord externe du poignet.
Point 64 : Juste au-dessus du pavillon de l'oreille.
Point 65 : Au bord externe du sourcil.

Imblyopie
Point 64 : Voir précédemment.

Cataracte
Point 18 : Voir précédemment.
Point 21 : Voir précédemment.
Point 5 : Voir précédemment.
Point 58 : Voir précédemment.

Blépharite
Point 14 : Voir précédemment.
Point 66 : Sur le bord interne du poignet.

Faiblesse de la vue
Point 67 : Face postérieure interne de la jambe.

Orgelet
Point 68 : (Aiguille oblique) face postérieure interne de l'avant-bras.

Ophtalmie
Point 13 A : Voir précédemment.
Point 69 : Sur le pied.
Point 70 : Au pli reliant la phalange à la phalangine du pouce de la main.

MALADIES DES OREILLES

Surdité
Point 33 : Voir précédemment.
Point 51 : Voir précédemment.

Point 52 : Voir précédemment.
Point 10 : Voir précédemment.
Point 71 : A 3 cms de la 2ᵉ lombaire (avec bourdonnement).
Point 72 : (Aiguille oblique) à 2 mm en arrière de l'angle onguéal externe du 5ᵉ orteil (petit).
Point 73 : A peine au-dessus du nombril.

Bourdonnements

Point 51 : Voir précédemment.
Point 38 : Voir précédemment.
Point 26 : Voir précédemment.
Point 67 : Voir précédemment.
Point 21 : Voir précédemment.
Point 66 : Voir précédemment.
Point 74 : Au bout du médius, légèrement côté index.
Point 7 : Voir précédemment.

Otalgie

Point 26 : Voir précédemment.
Point 75 : Devant la racine de l'hélix.

Otite

Point 76 : Partie externe supérieure du cartilage thyroïde.
Point 35 : Voir précédemment.
Point 77 : Face dorsale du bras.
Point 78 : Au niveau de l'œil, vers l'oreille.

MALADIES DU TUBE DIGESTIF

Laryngite

Point 79 : (Aiguille oblique) en arrière de l'angle onguéal du pouce.
Point 80 : Partie supérieure du sternum.
Point 81 : Au-dessus du sternum.

Pharyngite

Point 79 : Voir précédemment.
Point 51 : Voir précédemment.
Point 82 : Partie supérieure interne du pied.

Spasmes de l'œsophage

Point 79 : Voir précédemment.

Rétrécissement de l'œsophage
Point 70 : Voir précédemment.
Point 79 : Voir précédemment.
Point 44 : Voir précédemment.

Stomatite
Point 83 : Au point interne de l'œil.
Point 84 : Au niveau de la 3ᵉ dorsale.
Point 70 : Voir précédemment.
Point 85 : Bord antérieur du sterno-mastoïdien.

Perte de la parole
Point 85 : Voir précédemment.
Point 86 : Bord inférieur du maxillaire inférieur.

Spasmes du pharynx
Point 87 : Face externe du genou.

MALADIES DE L'ESTOMAC

Eructations
Point 32 : Voir précédemment.
Point 3 : Voir précédemment.

Envie de vomir
Point 32 : Voir précédemment.
Point 35 : Voir précédemment.
Point 88 : Bord externe de la phalange du 5ᵉ orteil.
Point 89 : Au milieu des basses côtes.

Vomissements
Point 33 : Voir précédemment.
Point 41 : Voir précédemment.
Point 43 : Voir précédemment.
Point 10 : Voir précédemment.
Point 90 : Partie antéro-interne de la jambe.
Point 25 : Voir précédemment.
Point 84 : Voir précédemment.
Point 91 : Colonne vertébrale au niveau des omoplates.
Point 44 : Voir précédemment.
Point 71 : Voir précédemment.
Point 4 : Voir précédemment.

Point 92 : Face dorsale du pied, jonction du 1ᵉʳ et 2ᵉ orteil.
Point 84 : Voir précédemment.

Douleurs de l'estomac

Point 93 : Face antérieure du bras.
Point 94 : Au-dessous des côtes, vers le milieu du buste.
Point 95 : Haut de la cuisse.
Point 96 : Haut de la cuisse.
Point 3 : Voir précédemment.
Point 14 : Voir précédemment.
Point 97 : A 3 cms de l'ombilic et à son niveau.
Point 29 : Voir précédemment.
Point 98 : A la naissance de l'aisselle.
Point 7 : Voir précédemment.
Point 99 : 3 cms au-dessous du nombril.

Manque d'appétit

Point 10 : Voir précédemment.
Point 100 : A 5 cms de la ligne médiane antérieure du buste.
Point 69 : Voir précédemment.
Point 101 : Au niveau de la 3ᵉ dorsale.
Point 35 : Voir précédemment.
Point 14 : Voir précédemment.
Point 102 : A 3 cms au-dessus de l'horizontale ombilicale et à 3 cms sur le côté.

Borborygmes

Point 10 : Voir précédemment.
Point 88 : Voir précédemment.
Point 18 : Voir précédemment.
Point 58 : Voir précédemment.

Indigestion

Point 103 : Vers le coude, paume de la main vers le ciel.
Point 16 : Voir précédemment.
Point 104 : Entre le sternum et l'ombilic.
Point 105 : 3 cms au-dessus de l'ombilic.

Digestion difficile

Point 89 : Voir précédemment.
Point 106 : Dans le dos, sous l'omoplate.
Point 35 : Voir précédemment.

Crampes d'estomac

Point 100 : Voir précédemment.

Point 97 : Voir précédemment.
Point 71 : Voir précédemment.
Point 107 : Bord externe de la cuisse.
Point 80 : Voir précédemment.

Nausées

Point 7 : Voir précédemment.
Point 8 : Voir précédemment.

Aérophagie

Point 99 : Voir précédemment.
Point 105 : Voir précédemment.
Point 84 : Voir précédemment.
Point 15 : Voir précédemment.
Point 82 : Voir précédemment.
Point 100 : Voir précédemment.

Aigreurs et brûlures

Point 80 : Voir précédemment.
Point 90 : Voir précédemment.
Point 108 : Sur le bord extérieur de la jambe en face du point 90.
Point 54 : Voir précédemment.

Hyperchlorhydrie

Point 54 : Voir précédemment.
Point 35 : Voir précédemment.
Point 80 : Voir précédemment.

Gastrite

Point 104 : Voir précédemment.

Tumeur de l'estomac

Point 44 : Voir précédemment.
Point 35 : Voir précédemment.

Ulcère de l'estomac

Point 105 : Voir précédemment.
Point 104 : Voir précédemment.

Mauvaise assimilation

Point 109 : A 10-12 cms au-dessus du nombril.

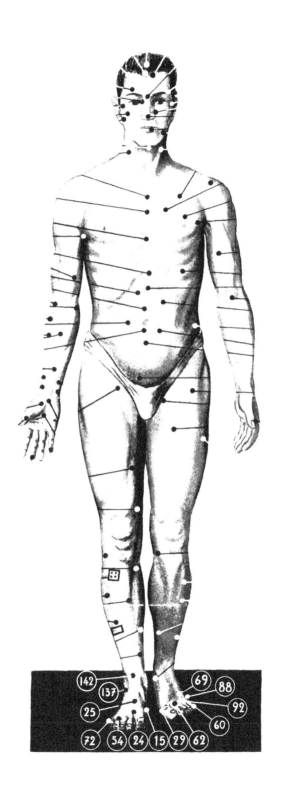

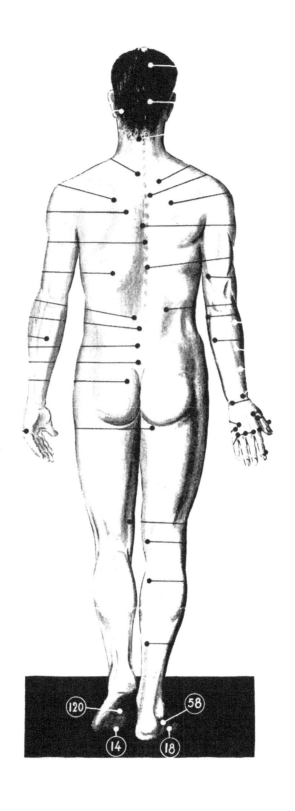

MALADIES DES INTESTINS

Diarrhée
Point 41 : Voir précédemment.
Point 79 : Voir précédemment.
Point 52 : Voir précédemment.
Point 10 : Voir précédemment.
Point 99 : Voir précédemment.
Point 73 : Voir précédemment.

Constipation
Point 52 : Voir précédemment.
Point 97 : Voir précédemment.
Point 90 : Voir précédemment.
Point 108 : Voir précédemment.
Point 71 : Voir précédemment.
Point 82 : Voir précédemment.
Point 77 : Voir précédemment.
Point 110 : Sur la jambe, côté antérieur externe, à mi-chemin environ entre la rotule et le coup de pied.
Point 111 : Extrémité interne du creux poplité.

Entérite
Point 10 : Voir précédemment.
Point 35 : Voir précédemment.
Point 66 : Voir précédemment.

Appendicite
Point 112 : Sur le côté de la colonne vertébrale, à 2 cms environ sous l'apophyse épineuse de la 2ᵉ vertèbre lombaire, au niveau de l'ombilic.
Point 99 : Voir précédemment.

Hémorroïdes
Point 112 : Voir précédemment.
Point 4 : Voir précédemment.

Hémorragie intestinale
Point 112 : Voir précédemment.
Point 99 : Voir précédemment.
Point 113 : sur le bord interne du jumeau interne.

Ascite
Point 14 : Voir précédemment.
Point 114 : Au milieu du fessier.

Point 115 : Au-dessous et en dedans de l'épine iliaque antérieure et supérieure.
Point 102 : Voir précédemment.

Vers intestinaux
Point 105 : Voir précédemment.
Point 109 : Voir précédemment.
Point 72 : Voir précédemment.
Point 116 : A la naissance du sillon fessier

Prolapsus du rectum
Point 82 : Voir précédemment.
Point 4 : Voir précédemment et piquer 3 cms plus près de la main.

MALADIES DU FOIE

Ictère
Point 91 : Voir précédemment.
Point 54 : Voir précédemment.

Jaunisse
Point 35 : Voir précédemment.
Point 112 : Voir précédemment
Point 117 : Au milieu de la paume de la main.

Diabète
Point 15 : Voir précédemment.
Point 53 : Voir précédemment.
Point 112 : Voir précédemment.

Congestion du foie
Point 118 : Au milieu de la face interne de la cuisse.

Cholécystite
Point 119 : A 8 cms de la cheville, dans la dépression du bord antérieur du péroné.

Insuffisance hépathique
Point 111 : Voir précédemment.

Foie petit
Point 111 : Voir précédemment.

Cancer du foie
Point 109 : Voir précédemment.

MALADIES DES REINS ET DE LA VESSIE

Anurie
Point 41 : Voir précédemment.
Point 87 : Voir précédemment.
Point 2 : Voir précédemment.

Envie fréquente d'urine
Point 41 : Voir précédemment.
Point 43 : Voir précédemment.

Incontinence d'urine
Point 48 : Voir précédemment.
Point 87 : Voir précédemment.
Point 14 : Voir précédemment.
Point 120 : Au-dessus du point 14.

Néphrite
Point 116 : Voir précédemment.

Polyurie
Point 116 : Voir précédemment.

Hématurie
Point 116 : Voir précédemment.
Point 121 : A la naissance de la cuisse.

Urine rare
Point 34 : Voir précédemment.

Cystite
Point 14 : Voir précédemment.
Point 122 : Partie interne du bas du mollet.

Uréthrite
Point 14 : Voir précédemment.
Point 82 : Voir précédemment.
Point 123 : Face antéro-interne de la jambe sous le genou.

Gravelle
Point 124 : Face interne de la cuisse.

Calculs du rein
Point 125 : Au milieu du bord supérieur du pubis.

Coliques néphrétiques
Point 125 : Voir précédemment.

MALADIES DES VOIES RESPIRATOIRES

Oppression
Point 32 : Voir précédemment.
Point 33 : Voir précédemment.
Point 43 : Voir précédemment.

Toux
Point 32 : Voir précédemment.
Point 41 : Voir précédemment.
Point 43 : Voir précédemment.
Point 85 : Voir précédemment.
Point 126 : Entre la 3ᵉ et 4ᵉ côte, au-dessus du mamelon.
Point 127 : Sur l'omoplate.
Point 14 : Voir précédemment.
Point 102 : Voir précédemment.
Point 117 : Voir précédemment.
Point 77 : Voir précédemment.
Point 15 : Voir précédemment.
Point 80 : Voir précédemment.

Crachats
Point 32 : Voir précédemment.
Point 100 : Voir précédemment.

Hémoptisie
Point 41 : Voir précédemment.
Point 126 : Voir précédemment.
Point 48 : Voir précédemment.

Asthme et emphysème
Point 41 : Voir précédemment.
Point   9 : Voir précédemment.
Point 79 : Voir précédemment.
Point 128 : Au milieu de la poitrine.
Point 80 : Voir précédemment.

Pleurésie
Point 41 : Voir précédemment.
Point 129 : Sur l'omoplate.
Point 127 : Voir précédemment.

Tuberculose pulmonaire
Point 41 : Voir précédemment.

Zone 130 : Sur la partie entéro-externe de la jambe (multiples points).
Point 112 : Voir précédemment.

Bronchite
Mêmes points que pour tuberculose pulmonaire.

Pneumonie
Point 131 : A l'extrémité externe du pli du coude.
Point 58 : Voir précédemment.

Congestion pulmonaire
Point 58 : Voir précédemment.
Point 88 : Voir précédemment.
Point 127 : Voir précédemment.

Coqueluche
Point 91 : Voir précédemment.
Point 82 : Voir précédemment.
Point 81 : Voir précédemment.

MALADIES DU CŒUR ET DE LA CIRCULATION

Palpitation
Point 41 : Voir précédemment.
Point 89 : Voir précédemment.
Point 14 : Voir précédemment.
Point 48 : Voir précédemment.
Point 16 : Voir précédemment.
Point 49 : Voir précédemment.

Maladies des Vaisseaux
Point 9 : Voir précédemment.

Hypotension
Point 9 : Voir précédemment.
Point 82 : Voir précédemment.
Point 16 : Voir précédemment.
Poin 132 : Face postéro-interne du coude.
Point 133 : Vers le milieu du dos, à dix cent. de la colonne vertébrale.

Artério-Sclérose
Point 115 : Voir précédemment.

Point 87 : Voir précédemment.
Point 49 : Voir précédemment.
Point 67 : Voir précédemment.

Hypertension

Point 87 : Voir précédemment.
Point 48 : Voir précédemment.
Point 15 : Voir précédemment.
Point 96 : Voir précédemment.

Angoisse Cardiaque

Point 61 : Voir précédemment.

Cyanose des mains et des pieds

Point 90 : Voir précédemment.
Point 108 : Voir précédemment.
Point 14 : Voir précédemment.

Syncope

Point 44 : Voir précédemment.
Point 4 : Voir précédemment.

Faiblesse du Cœur

Point 44 : Voir précédemment.

Hypertrophie du Cœur

Point 44 : Voir précédemment.
Point 48 : Voir précédemment.
Point 3 : Voir précédemment.

Angine de poitrine

Point 44 : Voir précédemment.
Point 15 : Voir précédemment.
Point 67 : Voir précédemment.
Point 134 : Premier espace intercostal, à 4 cm. de la ligne médiane du thorax.

Varices

Point 111 : Voir précédemment.
Point 82 : Voir précédemment.
Point 67 : Voir précédemment.
Point 135 : A 17 cm. au-dessus de la maléole interne, sur le bord interne du **jumeau interne.**

Phlébites

Point 135 : Voir précédemment.
Point 136 : Sur la cuisse interne, vers l'aine.

Myocardite, Péricardite, Endocardite
Point 49 : Voir précédemment.
Point 74 : Voir précédemment.
Point 127 : Voir précédemment.

Troubles veineux
Point 119 : Voir précédemment.

MALADIES DU SANG

Anémie
Point 6 : Voir précédemment.
Point 44 : Voir précédemment.
Point 3 : Voir précédemment (important).
Point 82 : Voir précédemment.

Amaigrissement
Point 3 : Voir précédemment.
Point 71 : Voir précédemment.
Point 102 : Voir précédemment.

Tuberculose générale
Point 112 : Voir précédemment.
Zone 130 : Voir précédemment.
Zone 136 : A la naissance extérieure du mollet.

Tétanos
Point 21 : Voir précédemment.
Point 20 : Voir précédemment.
Point 47 : Voir précédemment.

Polyomyélite
Point 46 : Voir précédemment.
Point 87 : Voir précédemment.
Point 112 : Voir précédemment.
Point 116 : Voir précédemment.

MALADIES DE LA PEAU

Acné
Point 41 : Voir précédemment.
Point 15 : Voir précédemment.

Point 137 : Face externe du pied entre le calcanum et l'astragale.
Point 10 : Voir précédemment.
Point 51 : Voir précédemment.

Abcès, Furoncles
Point 43 : Voir précédemment.
Point 10 : Voir précédemment.
Point 42 : Voir précédemment.
Point 39 : Voir précédemment.
Point 137 : Voir précédemment.
Point 88 : Voir précédemment.
Point 117 : Voir précédemment.
Point 64 : Voir précédemment.
Point 15 : Voir précédemment.

Dermatoses de la Face
Point 42 : Voir précédemment.
Point 30 : Voir précédemment.

Prurit
Point 42 : Voir précédemment.
Point 84 : Voir précédemment.
Point 34 : Voir précédemment.
Point 16 : Voir précédemment.
Point 132 : Voir précédemment.
Point 11 : Voir précédemment.
Point 15 : Voir précédemment.

Urticaire
Point 32 : Voir précédemment.

Abcès au sein
— Au milieu du mamelon.
— Deux centimètres au-dessous du mamelon.
Point 94 : Voir précédemment.
Point 90 : Voir précédemment.

Exanthème
Point 24 : Voir précédemment.

Eruptions chroniques
Point 138 : Dans le creux poplité, bord interne.
Point 49 : Voir précédemment.

Verrues
Point 68 : Voir précédemment.

FIÈVRES

Refroidissement

Point 32 : Voir précédemment.
Point 53 : Voir précédemment.

Fièvres et Sueurs

Point 43 : Voir précédemment.
Point 51 : Voir précédemment.
Point 26 : Voir précédemment.
Point 42 : Voir précédemment.
Point   6 : Voir précédemment.
Point 137 : Voir précédemment.
Point 139 : Sous la quatrième côte.
Point 61 : Voir précédemment.
Point 140 : Vers le pli du coude, partie interne.
Point 93 : Voir précédemment.

Paludisme

Point 43 : Voir précédemment.
Point 42 : Voir précédemment.
Point 122 : Voir précédemment.
Point 72 : Voir précédemment.

Frissons

Point 26 : Voir précédemment.
Point 42 : Voir précédemment.
Point 25 : Voir précédemment.

Fièvre des Tuberculeux

Point   9 : Voir précédemment (piquer deux centimètres au-dessus, vers le poignet).

Corps brûlant sans fièvre

Point 70 : Voir précédemment.

Grippe

Point 79 : Voir précédemment.
Point 84 : Voir précédemment.

Sueur froide

Point 42 : Voir précédemment.

Scarlatine
Point 42 : Voir précédemment.
Point 82 : Voir précédemment.

Typhoïde
Point 42 : Voir précédemment.
Point 22 : Voir précédemment.
Point 46 : Voir précédemment.

Choléra
Point 42 : Voir précédemment.
Point 90 : Voir précédemment.
Point 35 : Voir précédemment.
Point 139 : Au mollet.
Point 122 : Voir précédemment.
Point 14 : Voir précédemment.
Point 123 : Voir précédemment.
Point 109 : Voir précédemment.

Froid aux Pieds
Point 140 : A 1 cm. en avant de la malléole interne, un peu sous la saillie du scaphoïde, au pied, côté interne.

MALADIES DES OS

Douleurs aux os de la main
Point 9 : Voir précédemment.

Scoliose
Point 91 : Voir précédemment.
Point 84 : Voir précédemment.

Ostéomyélite
Point 6 : Voir précédemment.

Tuberculose osseuse
Point 6 : Voir précédemment.
Point 141 : 2 vertèbres au-dessus du point 6.
Point 3 : Voir précédemment.
Point 4 : Voir précédemment.

Rachialgie
Point 35 : Voir précédemment.
Point 72 : Voir précédemment.

Douleurs osseuses
Point 15 : Voir précédemment.

Abcès osseux
Point 82 : Voir précédemment.

Faiblesse de la Colonne Vertébrale
Point 112 : Voir précédemment.

MALADIES DE LA MOELLE ÉPINIÈRE, NERFS ET MUSCLES

Asthénie
Point 41 : Voir précédemment.
Point 135 : Voir précédemment.
Point 91 : Voir précédemment (désir de suicide).
Point 141 : Voir précédemment.
Point 112 : Voir précédemment.
Point 15 : Voir précédemment.
Point 67 : Voir précédemment.
Point 140 : Voir précédemment.
Point 104 : Voir précédemment.

Convulsions
Point 41 : Voir précédemment.
Point 42 : Voir précédemment.
Point 142 : Coup de pied.
Point 104 : Voir précédemment.

Rire nerveux
Point 43 : Voir précédemment.
Point 79 : Voir précédemment.
Point 117 : Voir précédemment.

Insomnie
Point 43 : Voir précédemment.
Point 143 : Sur le bord supérieur du pubis à 3 cm. de la ligne médiane.
Point 40 : Voir précédemment.
Point 82 : Voir précédemment.
Point 7 : Voir précédemment.
Point 73 : Voir précédemment.

Troubles de la parole
Point 43 : Voir précédemment.
— A la commissure des lèvres.
Point 47 : Voir précédemment.
Point 2 : Voir précédemment.
Point 138 : Voir précédemment.

Frayeurs
Point 70 : Voir précédemment.
Point 23 : Voir précédemment.
Point 16 : Voir précédemment.

Emotivité
Point 52 : Voir précédemment.
Point 142 : Voir précédemment.
Point 90 : Voir précédemment.
Point 48 : Voir précédemment.
Point 49 : Voir précédemment.
Point 59 : Voir précédemment.
Point 128 : Voir précédemment.
Point 91 : Voir précédemment.

Troubles psychiques
Point 90 : Voir précédemment.
Point 110 : Voir précédemment.
Point 137 : Voir précédemment.

Crises de Nerfs
Point 137 : Voir précédemment.
Point 90 : Voir précédemment.

Hallucinations
Points 90 et 110 : Voir précédemment.

Hystérie
Point 142 : Voir précédemment.
Point 82 : Voir précédemment.
Point 48 : Voir précédemment.
Point 15 : Voir précédemment.

Irritabilité
Point 35 : Voir précédemment.
Point 104 : Voir précédemment.

Erreurs
Point 3 : Voir précédemment.

Obsessions

Point 137 : Voir précédemment.
Point 141 : Voir précédemment (la vertèbre au-dessus).

Timidité

Point 82 : Voir précédemment.
Point 48 : Voir précédemment.
Point 4 : Voir précédemment.
Point 132 : Voir précédemment.
Point 78 : Voir précédemment.

Indécision

Point 67 : Voir précédemment.

Chorée Epilepsie

Point 123 : Voir précédemment.
Point 68 : Voir précédemment.
Point 84 : Voir précédemment.
Point 119 : Voir précédemment.
Point 91 : Voir précédemment.
Point 7 : Voir précédemment.
Point 105 : Voir précédemment.
Point 109 : Voir précédemment.
Point 104 : Voir précédemment.
Point 72 : Voir précédemment.
Point 79 : Voir précédemment.

Grincements de dents

Point 61 : Voir précédemment.

Bégaiements

Point 15 : Voir précédemment.
Point 84 : Voir précédemment.

Toutes Maladies de la Moelle Epinière

Point 135 : Voir précédemment.

Alcoolisme

Point 73 : Voir précédemment.

Hoquet

Point 128 : Voir précédemment.

MALADIES DES ORGANES MASCULINS ET FÉMININS

Douleurs de la Verge et du Vagin
Point 100 : Voir précédemment.
Point 143 : Voir précédemment.

Aménorrhée
Point 102 : Voir précédemment.
Point 97 : Voir précédemment.
Point   2 : Voir précédemment.
Point 72 : Voir précédemment.
Point   4 : Voir précédemment.
Point 115 : Voir précédemment.
Point 99 : Voir précédemment.

Orchite
Point 143 : Voir précédemment.
Point 124 : Voir précédemment.
Point   2 : Voir précédemment.
Point 15 : Voir précédemment.

Ovarite, Maladies de l'Utérus
Point 143 : Voir précédemment.
Point 135 : Voir précédemment.

Troubles de la Grossesse
Point 143 : Voir précédemment.

Stérilité des deux sexes
Point 143 : Voir précédemment.
Point   2 : Voir précédemment.
Point 14 : Voir précédemment.
Point 124 : Voir précédemment.
Point 99 : Voir précédemment.

Frigidité
Point 92 : Voir précédemment.
Point 67 : Voir précédemment.

Leucorrhée
Point   2 : Voir précédemment.
Point 16 : Voir précédemment.
Point 115 : Voir précédemment.
Point 15 : Voir précédemment.

Point 135 : Voir précédemment.
Point 99 : Voir précédemment.

Epididymite

Point 2 : Voir précédemment.

Pertes séminales

Point 3 : Voir précédemment.
Point 67 : Voir précédemment.
Point 123 : Voir précédemment.
Point 111 : Voir précédemment.

Règles douloureuses et irrégulières

Point 137 : Voir précédemment.
Point 82 : Voir précédemment.
Point 99 : Voir précédemment.

Règles trop abondantes

Point 111 : Voir précédemment.
Point 144 : Face interne de la cuisse.
Point 124 : Voir précédemment.
Point 4 : Voir précédemment.
Point 99 : Voir précédemment.

Blennorrhagie

Point 143 : Voir précédemment.
Point 67 : Voir précédemment.

Ovaralgie

Point 140 : Voir précédemment.

Métrite

Point 67 : Voir précédemment.
Point 48 : Voir précédemment.

Prostatite

Point 123 : Voir précédemment.
Point 99 : Voir précédemment.

Tumeur de l'Utérus

Point 140 : Voir précédemment.

Métrorrhagie

Point 48 : Voir précédemment.
Point 16 : Voir précédemment.

DOULEURS ET RHUMATISMES

Névrites

Point 41 : Voir précédemment.
Point 9 : Voir précédemment (intercostale).

Torticolis

Point 10 : Voir précédemment.
Point 81 : Voir précédemment.
Point 3 : Voir précédemment.

Névralgies diverses

Point 3 : Voir précédemment.
Point 128 : Voir précédemment.
Point 42 : Voir précédemment.
Point 12 : Voir précédemment.
Point 143 : Voir précédemment.

Arthrite

Point 9 : Voir précédemment.
Point 142 : Voir précédemment.
Point 25 : Voir précédemment.
Point 48 : Voir précédemment.
Point 93 : Voir précédemment.
Point 41 : Voir précédemment.
Point 5 : Voir précédemment.
Point 66 : Voir précédemment.
Point 11 : Voir précédemment.

Rhumatisme

Point 141 : Voir précédemment.
Point 99 : Voir précédemment.
Point 139 : Voir précédemment.
Point 51 : Voir précédemment.
Point 68 : Voir précédemment.

Tétanie

Point 137 : Voir précédemment.

DIVERS

Goitre

Point 10 : Voir précédemment.
Point 42 : Voir précédemment.
Point 142 : Voir précédemment.

Adénite

Point 42 : Voir précédemment.
Point 49 : Voir précédemment.
Point 15 : Voir précédemment.

Zona

Point 135 : Voir précédemment.

APPENDICE

— Pour toutes études esthésiométriques,

— Pour toutes recherches sur place ou sur plan,

— Pour toutes analyses du caractère, des possibilités physiques et intellectuelles, des possibilités d'orientation professionnelle chez vos enfants, des affinités entre diverses personnes.

— Pour la détection des ondes nocives et leur protection par le « Noci-Protector »,

— Pour toutes questions d'ordre technique,

— Pour tout ce qui vous préoccupe ou vous concerne,

Ecrivez et demandez les renseignements utiles à l'auteur de ce livre :

M. L. CHOUTEAU

48, rue Georges-Clemenceau - CHOLET
(M.-et-L.) France

Téléphone : 6-43   C. C. P. Nantes 519-59

TABLE DES MATIÈRES

La Radiesthésie. Définition et mise au point générale	5
Chapitre premier. - La partie objective de la Radiesthésie	13
Chapitre II. - Les forces subjectives de la Radiesthésie ou la Perception humaine	41
Chapitre III. - La partie objecto-subjective de la Radiesthésie. Les instruments	71
Biologie	108
Recherches des déficiences vibratoires du corps humain	117
Bioesthésiométrie	143
Syntonisation des rayonnements pathogènes	158
Recherche des éléments curatifs	161
Bioesthésiométrie et Thérapeutique	164
Métallothérapie	169
La Thérapeutique vibro-active	173
Les ondes nocives	179
Le « Bioréflecteur »	184
Le cancer	186
Acupuncture radiesthésique	188
Maladies	191
Appendice	219

Radiesthésistes de tous les pays !
Sociétés radiesthésiques nationales, régionales, locales de tous les pays

Unissez-vous au sein du

CERCLE INTERNATIONAL POUR LA DÉFENSE ET L'ÉTUDE DE LA RADIESTHÉSIE

Président-Fondateur : L. CHOUTEAU

pour la reconnaissance *de jure* de notre profession,

pour la défense de nos droits,

pour l'assainissement de notre métier et la lutte contre le charlatanisme

pour le bond en avant de notre art,

pour son avenir scientifique et humain,

pour son unité de doctrine dans le monde entier.

---

*Demandez tous renseignements sur le C. I. D. E. R.
à M. L. Chouteau, dont l'adresse se trouve en appendice du livre.*

Ebook Esotérique réédite,
sous forme de livres électroniques
ou Ebooks, des livres ésotériques et
d'occultisme qui sont devenus rares ou
épuisés.

Visitez Ebook Esotérique
www.ebookesoterique.com

Inscrivez-vous pour recevoir
notre Bulletin-Info.
Vous serez informé des
nouvelles parutions et promotions.

Vous avez une question sur l'Hermétisme, l'Esotérisme ou la pratique des Sciences Occultes ?

L'Encyclopédie Ésotérique vous apportera des réponses et des mises au point précieuses. Cliquez www.ceodeo.com

L'Encyclopédie Ésotérique ainsi que les articles, dossiers, cours et essais que vous trouverez sur notre site s'adressent tant aux profanes qu'aux spécialistes.

Collège Ésotérique et Occultiste
d'Europe et d'Orient
(CEODEO) www.ceodeo.com